# D'autres histoires MYSTÉRIEUSES

# D'autres histoires MYSTÉRIEUSES

J. B. STAMPER

*Traduit de l'anglais par*
NICOLE FERRON

ÉDITIONS HÉRITAGE
MONTRÉAL

**Données de catalogage avant publication (Canada)**

Stamper, Judith Bauer

    D'autres histoires mystérieuses

    (Chauve-souris).
    Traduction de : Still more tales for the
midnight hour.

    Pour les jeunes de 10 à 15 ans.

    ISBN 2-7625-6536-7

    I. Titre. II. Collection.

PZ23.S72Da 1990         j813'.54         C90-096394-8

Dépôts légaux : 3ᵉ trimestre 1990
Bibliothèque nationale du Québec
Bibliothèque nationale du Canada

ISBN : 2-7625-6536-7      Imprimé au Canada

Photocomposition : Deval Studiolitho Inc.

LES ÉDITIONS HÉRITAGE INC.
300, Arran, Saint-Lambert, Québec J4R 1K5
(514) 875-0327

# Le chemin du Cimetière

Sophie jette un regard au panneau du coin de la rue : chemin du Cimetière. Au bout du pâté de maisons, derrière une haute clôture de fer forgé noir, les pierres tombales s'alignent. Ce n'est pas nouveau, c'est la vue qui s'offre à elle de la fenêtre de sa chambre à coucher.

Il y a seulement un mois, elle vivait dans une jolie maison en face d'un parc. Son père avait été muté dans cette ville où la seule maison libre était située sur le chemin du Cimetière. Ses amis avaient même pensé qu'elle blaguait quand elle leur avait donné sa nouvelle adresse.

— Hé ! c'est toi, la nouvelle ? fait une voix dans son dos.

Sophie se retourne vivement. Elle reconnaît deux garçons et une fille de sa classe à bicyclette. Elle hoche la tête sans s'arrêter.

— Comment aimes-tu vivre sur cette rue ? demande un des garçons. Un peu macabre, non ?

Sophie se sent rougir.

— Pas du tout, répond-elle. Je n'ai pas peur de vivre ici.

La fille et les deux garçons continuent de rouler près d'elle.

— Je parie que tu ne connais pas les histoires qu'on raconte sur ce cimetière, dit la fille. Il est hanté par un chat noir.

— Oui, oui... fait Sophie. Tu penses peut-être que je vais te croire ?

— C'est vrai, affirme un des garçons. Il y a un monument surmonté de la statue d'un chat noir au milieu du cimetière.

— Qu'est-ce qu'il y a d'épouvantable là-dedans ? demande Sophie.

— Le chat reprend vie la nuit, répond la fille, et il hante le cimetière.

— Je ne crois pas aux fantômes, fait Sophie.

— Je te mets au défi de visiter le chat noir la nuit, dit l'autre garçon.

Sophie les dévisage.

— Je n'aurais pas peur.

— Oserais-tu lui enlever son collier ? demande la fille. Il est en cuir, tout comme celui d'un vrai chat.

— Apporte-nous le collier à l'école demain matin, lance un des garçons, et prouve-nous que tu es aussi brave que tu le dis.

— C'est un défi, fait la fille.

— Je le relève ! s'exclame Sophie en courant vers sa maison.

Elle va leur montrer qu'elle n'est pas peureuse, mais elle frissonne à la seule pensée de traverser la clôture de métal. Elle décide d'aller prendre le collier à la tombée de la nuit, avant qu'il ne fasse trop noir.

Sophie habite la deuxième maison à partir du coin de la rue. Entre sa maison et le cimetière, une vieille bâtisse abandonnée tombe en ruine. Sophie ouvre la porte et jette ses livres sur le banc de l'entrée.

Avant qu'elle ne puisse arriver à sa chambre, sa mère l'intercepte. Elles doivent toutes deux aller rejoindre son père en ville et souper avec lui. Malgré ses protestations, Sophie se retrouve bientôt assise dans l'auto familiale, se demandant quand elle pourra aller au cimetière.

Ils reviennent vers vingt-deux heures. Sophie monte à sa chambre, enfile son pyjama et jette nerveusement un regard par la fenêtre. Les pierres tombales sont noyées dans la clarté blanchâtre de la lune. Comment pourra-t-elle retrouver le chat ?

Comme tous les soirs, sa mère vient lui souhaiter bonne nuit. Sophie attend sagement dans son lit que le silence s'installe. Quand tout est enfin tranquille, vers vingt-trois heures trente, elle enfile rapidement un t-shirt et un jean. Cette nuit de septembre est très douce. Elle prend sa lampe de poche, descend l'escalier sur la pointe des pieds et se glisse dehors.

Sophie avance dans le noir, passe devant la vieille maison et entre au cimetière par la grande porte. Elle n'utilise pas sa lampe de peur que les gens ne l'aperçoivent. La lumière diffuse de la lune éclaire le chemin de gravier.

Soudain, le silence du cimetière est déchiré par le cri strident d'un oiseau de nuit. Sophie est pétrifiée de peur. Ce cri lui rappelle que d'autres créatures de la nuit la guettent. Elle allume sa lampe et promène le faisceau de lumière autour d'elle. Les pierres de marbre blanc et froid émergent du noir.

Sophie continue de marcher vers le milieu du cimetière, là où doit se trouver le chat noir.

Le petit sentier monte doucement et elle atteint bientôt le sommet d'une petite colline. D'après les lumières de la rue qu'elle voit en périphérie du cimetière, elle a l'impression de ne plus être loin de son but.

Elle éclaire de nouveau les pierres tombales. La face d'un ange la dévisage dans le noir; elle en a le souffle coupé. C'est alors qu'elle aperçoit le chat noir, comme une ombre tapie au sommet d'un grand monument blanc.

Les jambes tremblantes, Sophie s'avance vers la statue. L'oiseau crie de nouveau. Sophie en a des frissons dans le dos. Elle éclaire l'animal sculpté dans un marbre noir et lisse où brillent deux yeux de pierres vertes, brillantes. Autour de son cou, le collier de cuir.

En grimpant sur le rebord de la pierre, Sophie peut lire l'inscription gravée dans le marbre :

NE DÉRANGEZ PAS LES MORTS

Pendant une seconde, elle pense s'enfuir à toutes jambes. Mais le collier de cuir, non loin de ses doigts, lui fait changer d'avis.

Elle dépose la lampe près du chat et, à deux

mains, détache le collier autour du cou de marbre. Elle soupire de soulagement car la boucle se défait facilement. Au même moment, la cloche de l'église sonne les premiers coups de minuit. Sophie panique; elle en laisse presque échapper le collier. Au quatrième coup, elle dirige le faisceau de lumière dans les yeux du chat qui, à sa grande terreur, brillent comme ceux d'un chat vivant. Au huitième coup, elle dégringole du piédestal et entend un sifflement venant de la statue. Au douzième coup de minuit, Sophie court à toutes jambes le long du sentier de gravier, le cœur dans la gorge et la peur au ventre.

La lumière de sa lampe danse devant elle. Sophie cherche à se convaincre qu'elle a imaginé ce sifflement, mais derrière elle, elle perçoit le glissement sournois d'un animal. Un long sifflement de colère transperce la nuit. En se retournant, Sophie aperçoit deux grands yeux verts qui la poursuivent dans l'ombre.

Sophie atteint enfin l'entrée du cimetière. Elle voit même sa maison. Plus que quelques mètres. Elle court de plus en plus vite jusqu'à ce qu'elle arrive chez elle. D'une main tremblante, elle tourne la poignée, pousse la porte et pénètre à l'intérieur. Vite, elle ferme la porte à double tour et court dans l'escalier, haletante de peur.

Elle s'enferme dans sa chambre. Par la fenêtre ouverte, elle entend le hurlement d'un chien. Sophie baisse les yeux vers ses mains et voit le collier de cuir. D'un seul geste, elle ouvre le tiroir de sa commode et y lance le collier. Elle met son pyjama et se glisse sous les draps, tremblante de peur et de fatigue.

Sophie regarde les silhouettes fantomatiques des tombes par sa fenêtre. Elle écoute le hurlement du chien. Finalement, avec beaucoup de difficulté, elle sombre dans un sommeil agité.

Plus tard, elle s'éveille en sursaut, victime d'un cauchemar. Dans son rêve, un chat noir était couché sur sa poitrine, sifflant méchamment. Sophie ouvre les yeux et jette un regard dans la pénombre de sa chambre. Elle se rappelle soudain le collier. Elle ouvre la lumière et court à sa commode.

Le collier n'est plus dans le premier tiroir.

Sophie remarque alors les marques de griffes sur le meuble. Elle se retourne vers la fenêtre; un grand trou défigure la moustiquaire.

Et là, sur le rebord extérieur, elle aperçoit le chat noir… la dévisageant de ses yeux de braise.

# Le Musée de cire

« Il n'y a rien de terrible là-dedans, dit le plus âgé de la classe. Les personnages sont faits de cire, comme de vulgaires chandelles. »

Mais le groupe de garçons a ralenti le pas, se marchant sur les talons et s'entassant les uns sur les autres pour plus de sûreté. Ils pénètrent lentement dans le musée de cire, tandis que leur professeur, monsieur Archer, achète les billets au guichet.

— J'ai entendu dire qu'il y avait ici tous les grands meurtriers de l'histoire, dit un jeune garçon. Même Hitler.

Un petit rire nerveux parcourt le groupe. Ils ont tous entendu des histoires sur Hitler. À quoi ressemblerait-il ? Monsieur Archer a dit que les figures de cire ont l'air tellement vraies qu'on oublie qu'elles sont fausses.

Comme les enfants arrivent devant une porte de bois au bout d'un couloir, monsieur Archer les presse d'avancer.

— Allons, les gars, dit-il de sa grosse voix solennelle. Nous commençons la visite. Le directeur du musée m'a permis d'être votre guide — je viens tellement souvent ici. Mettez-vous en rang, deux par deux.

Il y a quelques minutes de flottement et d'indécision pendant que les garçons se cherchent un partenaire. Monsieur Archer regarde les garçons et s'aperçoit qu'une fois encore, André et Matthieu se sont mis ensemble. Il faudra les surveiller, en espérant qu'aujourd'hui ils ne feront pas trop de gaffes.

— Allez, venez.

D'un geste imposant, monsieur Archer ouvre la porte, découvrant une longue pièce étroite. Une allée court entre deux rangées de personnages en costumes d'époque. Les garçons étonnés défilent lentement.

— Ils ont l'air vrais... ça donne la chair de poule, souffle un jeune garçon.

— C'est Jules César poignardé par Brutus et ses amis, dit un autre en pointant un groupe d'hommes vêtus de toges romaines.

— Ooh, regardez le sang ! s'exclame un garçon. On dirait qu'il est encore humide !

Monsieur Archer rit tout bas quand il aperçoit ses élèves faire des pieds et des mains pour mieux voir. Il se rend aussi compte que

Matthieu et André chuchotent, près de la porte.

— Les garçons, venez dans la salle, dit-il impatiemment.

André et Matthieu se taisent et s'approchent des premiers personnages. Ils examinent le corps lacéré de coups de couteaux de Jules César. Les yeux de ce dernier sont braqués sur ses meurtriers et sa figure est crispée par la douleur.

— Ça me donne la frousse, avoue Matthieu.

— Pas moi. Je trouve ça super, ajoute André. C'est comme si tous ces gens redevenaient vivants.

— Tu es macabre, lance Matthieu.

— Comme ce musée, répond André. Je me demande comment on pourrait mettre un peu plus de piquant là-dedans.

Les deux garçons se tournent vers monsieur Archer qui les guette d'un air méfiant.

— Pourquoi ne pas simplement regarder? demande Matthieu en évitant le regard de Jules César. Je ne veux pas avoir de problèmes ici.

Il s'arrête en face d'un autre groupe de personnages. Au centre, Henri VIII, les mains sur les hanches et les yeux perdus dans le lointain. Derrière lui, se tient un bourreau de cire, une hache à deux tranchants à la main. Agenouillée sur le sol, Anne Boleyn, une des femmes du roi, attend d'être décapitée.

— Regarde la bague du roi, chuchote André. Quel souvenir à rapporter !

— André ! prévient Matthieu, effrayé. Ne fais pas ça !

Mais André ne s'occupe pas de son copain. Il s'assure seulement que ni son professeur ni les autres élèves ne le voient. Mais ils sont déjà loin dans l'allée. André tend son bras jusqu'à la main gauche du roi. Il sent la froideur des doigts de cire. Il atteint la bague et tire dessus. Elle glisse un peu, mais reste coincée à la jointure.

— André, Matthieu ! appelle monsieur Archer. Ne traînez pas derrière. Suivez-nous.

André retire vite sa main. Il regarde encore la tête du roi avant de s'écarter. Les yeux durs le dévisagent. On dirait même qu'ils le suivent quand il s'éloigne.

— Cet endroit commence à être intéressant, dit André. Je pense que le vieux Henri est fâché.

— Tu vas nous mettre dans le pétrin, marmonne Matthieu.

André le regarde avec mépris.

— Tu ne vas pas devenir lâche, Matthieu ? Je vais devoir me trouver un autre ami.

Matthieu secoue la tête si vivement que ses lunettes lui tombent sur le nez. André est son seul ami. Les deux garçons rejoignent monsieur Archer et le reste de la classe.

— Connaissez-vous le nom de ce grand homme ? demande le professeur en pointant un soldat assez petit, debout devant une carte de l'Europe.

L'homme a une cicatrice au visage; une de ses mains est glissée dans son gilet.

— Napoléon Bonaparte, empereur de France, dit le plus brillant de la classe.

— C'est ça, acquiesce monsieur Archer. Voilà Napoléon, le conquérant de l'Europe, qui a été vaincu à Waterloo. Maintenant, nous allons passer dans la salle suivante. Il y a des personnages plus modernes.

Tout le monde suit monsieur Archer à travers une porte tendue de lourds rideaux de velours rouge. Matthieu emboîte le pas, mais

André le retient.

— Regarde ce que je viens de trouver, dit-il en ouvrant la main.

Matthieu jette un coup d'œil et aperçoit un petit bout de métal dans la main de son ami.

— C'est une épingle ! Où l'as-tu trouvée ?

— Sur le plancher, chez moi. Je pensais…

— Non ! dit Matthieu. Tu ne peux pas faire ça. Nous serions arrêtés…

— Calme-toi, reprend André. Personne ne va le savoir. Je veux simplement m'assurer que ces choses sont vraiment faites de cire.

André passe le bras au-dessus du cordon devant Napoléon. Il touche l'épaule gauche de l'empereur. D'un mouvement vif, il presse l'épingle à travers l'étoffe et dans la cire.

Matthieu pousse un court gémissement.

— Reste tranquille ! Qu'est-ce qui te prend ? demande André en retirant l'épingle.

— Napoléon a bougé. Je-je l'ai v-vu bouger, bégaye Matthieu. Quand l'épingle l'a touché, son visage s'est crispé de douleur.

André regarde son ami avec dédain.

— Je ne peux pas croire que tu sois si peureux. Regarde la cire sur l'épingle. Ces gens ont l'air vrais, mais ils sont en cire.

Matthieu regarde la couche de cire restée collée sur l'épingle. Puis il regarde de nouveau Napoléon et court rejoindre les autres. André traîne derrière, cachant l'épingle dans sa poche.

Monsieur Archer est maintenant dans une immense pièce entourée de scènes différentes. Il raconte une histoire aux élèves. Matthieu et André n'en saisissent que la fin.

— ... et encore aujourd'hui, nous l'appelons le monstre du vingtième siècle.

— Hitler, dit Matthieu en regardant le petit homme à moustache en uniforme nazi.

— Alors, les garçons, il y a encore plein de choses à voir. Faites le tour et posez-moi des questions si vous en avez. Les autobus partent dans une demi-heure et j'ai promis de vous ramener dans la cour de l'école à quinze heures vingt.

— Je ne suis pas obligé de revenir, murmure André à l'oreille de Matthieu. Mes parents sont partis en vacances et je suis seul à la maison.

— Tu es chanceux que tes parents te fassent

confiance ! soupire Matthieu.

— Surtout quand ils ne le devraient pas, ajoute André. Regarde Hitler de près.

Toute la classe est éparpillée, regardant des personnages célèbres comme Winston Churchill, Franklin D. Roosevelt, John F. Kennedy, Mahatma Gandhi et d'autres. André et Matthieu restent devant la scène d'Hitler et de ses officiers nazis.

— Même sa moustache a l'air réelle, s'inquiète Matthieu, les yeux rivés sur la célèbre petite moustache.

— Je me demande si elle est faite de vrais poils, se demande André à haute voix. Retourne-toi, Matthieu, et surveille si quelqu'un regarde par ici.

— Que veux-tu faire ? s'inquiète Matthieu.

— T'occupe pas et préviens-moi seulement quand personne ne regardera de notre côté.

Matthieu surveille attentivement quelques minutes. Finalement, feu vert !

— Vas-y ! chuchote-t-il.

Il regarde derrière lui au moment où André tire un poil de la moustache d'Hitler.

— Ça ne vient pas !

Il redouble d'effort. Matthieu lâche un cri au moment où André retire une petite touffe de poils de la moustache d'Hitler. Tous les autres se tournent vers eux.

— Qu'y a-t-il, les garçons ? demande le professeur en venant vers eux.

— Rien, rien, monsieur, dit André, la main derrière le dos.

— On di-di-rait que j'-j'ai vu la-la main d'-d'Hitler bouger, bégaye Matthieu.

— Il a l'imagination fertile, ricane André.

Monsieur Archer regarde les deux garçons, puis la statue d'Hitler.

— Ne sois pas ridicule, Matthieu. C'est un personnage de cire.

Il s'éloigne en secouant la tête.

— Sa main a bougé, André... Juste quand tu as tiré sur sa moustache. Il allait te frapper.

— Bien sûr, Matthieu, dit André. Comment aimes-tu mon souvenir ?

Il lui montre les petits poils dans sa main.

— J'aurais bien aimé avoir la bague d'Henri VIII, soupire André. Mais j'ai une idée et tu vas m'aider, mon petit Matthieu.

— Non, André. Oublie ça.

— Allons donc. Tout ce que tu as à faire, c'est de dire à monsieur Archer que je suis parti avant les autres car je me sentais malade. Mes parents ne sont pas à la maison, aussi je vais passer la nuit au musée.

— Quoi ? s'écrie Matthieu.

— Je vais rester ici cette nuit. Pense à tout ce que je peux faire sans personne pour me surveiller.

Le regard d'André fait le tour de la pièce et s'arrête finalement sur un mur tendu de lourds rideaux. Il les écarte et regarde derrière.

— Il y a assez de place pour me cacher. Tout ce que tu as à faire, c'est de me couvrir. Tu décides maintenant si tu restes mon ami ou non.

— D'accord, dit Matthieu, d'accord.

André se glisse derrière le rideau après avoir regardé autour de lui. Matthieu va voir monsieur Archer et lui raconte le mensonge.

André se réveille en sursaut. Pendant un moment, il ne sait pas trop où il se trouve. Puis il se rappelle... le musée de cire. Il est caché derrière les tentures. Il a dû s'endormir car l'air y est chaud et lourd. Il repousse le tissu et sort la tête.

Quelques lampes de sécurité sont allumées ici et là, mais le musée est vide. André regarde sa montre. Minuit deux minutes. Il se demande ce qui a pu le réveiller à cette heure-là. Il entend alors taper sur ce qui doit être du bois. Il tourne la tête vers Hitler. Ce qu'il voit le saisit d'horreur.

Hitler frappe une baguette de bois contre la carte étendue sur son bureau. Il parle à ses officiers. André se pince, pensant être victime d'une hallucination. Les yeux d'Hitler rencontrent alors les siens. L'affreux personnage pousse un cri et hurle des ordres à ses officiers. André reste muet devant le mouvement de tous ces hommes vers lui.

Il saute alors sur ses pieds et court vers l'autre salle. En se retournant, il voit les yeux furieux d'Hitler fixés sur lui. Il y a une marque rouge sur sa figure blanche, là où André a arraché une partie de sa moustache.

André court le long du couloir. Son cœur bat à grands coups et son cerveau est lentement envahi par la panique. Il fouille dans sa poche, prend la touffe de poils qu'il a arrachée à Hitler et la jette derrière lui.

Les pas des officiers nazis se rapprochent, mais André gagne du terrain quand il tourne le coin vers l'autre salle. Devant lui, Napoléon sort lentement la main de son gilet et atteint son épée. L'estomac d'André se révulse en voyant Napoléon sortir l'épée de son fourreau et enjamber la balustrade.

André se rappelle l'épingle qu'il a enfoncée dans le personnage de cire. Mais Napoléon n'est plus de cire; il est bel et bien vivant et respire avec force, quelques mètres derrière lui. André sent même le déplacement de l'air fendu par les coups d'épée.

Pris d'une panique terrible, André court vers l'entrée de la salle. Il se dit que s'il réussit à atteindre la porte du musée, il y trouvera peut-être un gardien de nuit. Peut-être même devrait-il sauter par une fenêtre pour plus de sûreté. Son cauchemar sera terminé s'il peut passer cette porte de bois.

Au milieu du corridor, Henri VIII lui barre le chemin, un doigt pointé sur lui, un rictus cruel déformant sa figure.

Le matin suivant, Matthieu conduit monsieur Archer et un gardien dans le musée. Il n'a pas pu dormir de la nuit tellement il était inquiet pour son ami. Il a finalement appelé son professeur et lui a tout raconté.

Le gardien allume toutes les lumières. Matthieu court vers la salle où André s'est caché la veille. Mais en passant devant Henri VIII, il voit quelque chose qui le paralyse et lui arrache un hurlement.

Anne Boleyn n'attend plus la hache du bourreau. C'est André qui est agenouillé là, défiguré par la terreur. Et quand Matthieu tend la main vers lui, il ne touche que la surface dure, froide et douce... de la cire.

# Queulalo

Il y a un endroit très peu habité dans la montagne. La forêt y est dense et feuillue; de grands lambeaux de brouillard y traînent. On dit même que des créatures étranges y hantent les nuits.

Dans une trouée de cette forêt, il y a une vieille cabane. C'est là que vit le vieux Arthur depuis soixante ans. Il voit rarement d'autres personnes et ses seuls amis sont ses trois chiens de chasse. Ils vivent sous la galerie de la maison de bois rond.

Un soir, au début du printemps, Arthur regarde une chaudronnée de haricots blancs mijoter au-dessus du feu. L'hiver a été rude et les réserves tirent à leur fin. Arthur a l'impression que son estomac est devenu aussi petit qu'un seul de ces haricots. Les chiens sont efflanqués et ne mangent pas toujours à leur faim.

En tendant le bras pour prendre son souper, Arthur sent un courant d'air froid passer sur sa nuque. Le frisson le gagne tout entier. Il se demande d'où cet air peut venir, car il a bien colmaté toutes les ouvertures au début de l'hiver. Mais il a tellement faim qu'il décide de manger. Avant de pouvoir avaler une seule bouchée, un autre courant d'air traverse la cabane. Cette fois, il sent comme des griffes lui enserrer le cou. Arthur se retourne pour mieux voir.

Ses yeux s'agrandissent d'effroi et il laisse tomber sa cuillère sur le plancher. Au fond de la cabane, lui apparaît la plus bizarre créature qu'il ait jamais vue. Ses yeux sont jaunes et brillent d'un feu mystérieux; sa tête est celle d'un loup; son corps, aussi gros que ceux de ses chiens, est couvert d'une épaisse fourrure rousse. Arthur remarque alors la chose la plus étrange : la bête a une queue longue et épaisse tout enroulée autour de son corps.

Pendant un instant, Arthur reste paralysé devant la créature accroupie sur le sol. Puis, vif comme l'éclair, il saisit son couteau de chasse sur la table. Au même moment, la bête s'élance et bondit par le trou qu'elle avait pratiqué dans le mur. Mais Arthur, aussi rapide que la bête, réussit à lui couper la queue.

Un hurlement secoue la nuit quand l'animal

disparaît dans la forêt. Arthur garde les yeux rivés sur la queue qui traîne au milieu du plancher. Son estomac crie famine à la vue de cette viande. Après tout, il n'en a pas mangé depuis des semaines.

Arthur dépose donc un chaudron rempli d'eau sur le feu et y fait cuire la longue queue. Le goût en est bizarre, mais il y en a assez pour son souper et celui de ses trois chiens. En les regardant manger, il pense à l'étrange créature et décide de les garder à l'intérieur pour la nuit.

Avant de se mettre au lit, Arthur bouche le trou dans le mur avec un morceau de bois et des bouts de tissu. Puis il se couche, ses trois chiens sous le lit.

Même s'il est fatigué, il ne réussit pas à s'endormir. Son estomac gargouille après cet étrange repas. Dehors le vent harcèle sa petite cabane.

Arthur entend soudain un grattement à la porte : c'est un bruit de griffes contre le bois. Couvrant le sifflement du vent, une voix étrange parle.

— Queulalo, Queulalo, rendez-moi ma Queulalo.

Arthur s'assoit tout droit dans son lit. Les griffes grattent encore plus fort.

— Queulalo, Queulalo, rendez-moi ma Queulalo.

Les chiens se mettent à grogner. Arthur les siffle, court à la porte et les lance à la poursuite de la bête.

Des hurlements et des bruits de bataille parviennent jusqu'à lui. Après dix minutes, deux des chiens reviennent en boitant à la cabane. Arthur a beau appeler, siffler, rien n'y fait; le troisième chien ne reparaît pas.

Arthur barre la porte et se couche de nouveau, ses deux chiens au pied du lit. Son estomac se remet à gargouiller et le vent assaille toujours la cabane.

Un autre grattement alerte Arthur. Ce sont toujours des griffes contre le bois et la même voix.

— Queulalo, Queulalo, rendez-moi ma Queulalo.

Arthur met sa tête sous son oreiller, mais la voix reprend de plus belle.

— Queulalo, Queulalo, rendez-moi ma Queulalo. Vous l'avez, je le sais. Rendez-moi ma Queulalo.

Arthur siffle les deux chiens qui grognent sous le lit. Il ouvre la porte et les lance encore à la poursuite de la bête.

Avec des jappements et des hurlement, ils chassent la créature dans les bois. Arthur attend impatiemment. Un seul chien revient en courant, se glisse sous le lit et s'y cache.

Arthur retourne dans son lit. Il n'a pas le temps de fermer ses yeux que le grattement recommence.

— Queulalo, Queulalo, rendez-moi ma Queulalo.

Arthur saute de son lit et siffle son chien. Ce dernier grogne, mais ne se montre pas. Arthur se penche et le sort de sous le lit. Il le lance à la poursuite de la bête et attend. Après dix minutes, il l'appelle en vain.

Il referme la porte de la cabane et se précipite dans son lit. Il tremble de tous ses membres et les couvertures ne suffisent pas à le réchauffer. Il attend et attend encore. Le vent est toujours aussi violent et Arthur tend l'oreille, attentif aux grattements et à la voix. Mais il n'entend que le vent. Finalement, il s'endort.

Dans un sursaut, Arthur s'éveille. Il entend le grattement sur le bois, mais le bruit semble venir de plus près. Il ouvre les yeux et son regard rencontre celui de la bête. Elle gratte le pied du lit.

— Queulalo, Queulalo, rendez-moi ma Queulalo, dit l'étrange voix.

— Je... je... ne l'ai pas, murmure Arthur.

La créature rampe sur le lit; sa tête n'est qu'à quelques centimètres de celle d'Arthur.

— Queulalo, Queulalo, rendez-moi ma Queulalo. Vous l'avez, je le sais. Rendez-moi ma Queulalo !

On n'a jamais revu Arthur sur la montagne. Les habitants de la contrée racontent que quand on circule seul la nuit et qu'on prête l'oreille, on peut entendre une étrange mélopée :

— Queulalo, Queulalo, j'ai retrouvé ma Queulalo !

# Avertissement

Pierre est à Moulivert depuis à peine une journée quand un vieil homme lui raconte une histoire. L'homme est étrange, mais l'histoire ne l'est pas moins. Même si Pierre n'a jamais cru aux fantômes et aux maisons hantées... il en a des frissons rien que d'y penser.

Le vieil homme nommé Charlie lui déconseille d'aller dans la maison abandonnée, tout près. Durant les cinq dernières années, cinq garçons et filles ont été vus rôdant autour. Ils se sont évanouis dans l'air. La seule explication serait que la maison est possédée d'un étrange pouvoir.

Sur le balcon de l'auberge où sa famille passe la fin de semaine, Pierre préférerait être chez lui. Ses parents ont roulé pendant des heures pour venir jusqu'ici. Ils veulent voir les couleurs spectaculaires des feuilles d'automne.

Pierre en a déjà assez de regarder les feuilles, et l'histoire du vieux Charlie, le jardinier de l'auberge, lui trotte dans la tête. L'homme dit qu'il a aussitôt remarqué Pierre à cause de la couleur de ses cheveux. Pierre n'aime pas beaucoup que les gens lui parlent de ses cheveux roux.

Charlie avoue qu'il n'a pas prévenu les garçons et les filles qui sont passés à l'auberge, mais qu'il se sent obligé de le prévenir, lui, Pierre. Les propriétaires de l'auberge ne parlent jamais des enfants disparus; ça pourrait leur faire une mauvaise publicité.

Pierre ne veut pas rester ici une seconde de plus. Il descend les marches et prend le chemin qui s'éloigne de l'auberge. Il rencontrera sûrement ses parents qui sont partis il y a environ une heure se promener dans les bois. Ils ont pris les jumelles car ils aiment bien observer les oiseaux. Pierre n'a pas voulu les accompagner; il n'aime ni les oiseaux ni les feuilles orange, rouges ou jaunes.

Un peu plus loin, le chemin se divise. L'embranchement de gauche est celui par lequel son père est arrivé la veille. L'autre est un petit sentier qui serpente entre de gros arbres. Un frisson parcourt le dos de Pierre. Il vient de décider de suivre le sentier de droite, celui qui mène à la vieille maison abandonnée.

En marchant, Pierre remarque que les feuilles qui recouvrent le sol n'ont pas été piétinées, comme si personne n'avait marché ici avant lui. Malgré cela, le sentier est facile à suivre. Une étrange sensation, comme si quelque chose était juste derrière sa nuque, le fait se retourner vivement. Mais il ne voit que deux feuilles rouges qui tombent lentement d'un arbre.

Pierre marche encore quinze bonnes minutes. Il ne voit rien d'autre que des arbres, encore des arbres. Il se demande si le vieil homme ne s'est pas moqué de lui, le petit gars de la ville. Il débouche sur une clairière; une maison de pierres grises qui tombe en ruine se dresse au beau milieu, comme dans une scène de film d'horreur.

Une tornade de feuilles mortes lui passe devant les yeux et, au même moment, un nuage cache le soleil. Les couleurs s'éteignent et la maison semble jeter une ombre autour d'elle.

Pierre repousse la panique qui commence à s'emparer de lui. Il avance de quelques pas. C'est une vieille maison de trois étages pleine de recoins, ceinturée d'une longue véranda. Beaucoup de fenêtres sont brisées. La véranda penche dangereusement et les volets pendent de leurs gonds.

Pierre pense à ses amis. Ils adoreront cette histoire, mais ils vont sûrement lui demander s'il a osé entrer. S'il répond que non, ils le traiteront de poule mouillée.

Pierre essaie de chasser toutes ces pensées et avance vers la maison d'un pas rapide. L'histoire du vieux Charlie lui trotte dans la tête. Elle lui semble encore plus réelle maintenant qu'il est devant la maison. Il hésite un peu avant de poser le pied sur la première marche.

Le vent s'est apaisé et Pierre n'entend plus qu'un occasionnel cri d'oiseau dans le bois. Il est indécis. Un faible bruit semble provenir de la maison. Le bruit s'amplifie. C'est un bruit qu'il n'a encore jamais entendu. Puis, une sensation étrange l'envahit. Il se sent attiré par la maison, comme si quelqu'un l'entraînait à l'intérieur. Sans qu'il le veuille, son pied se pose sur la première marche. Pierre crie et se jette en arrière. Il se sauve de cet étrange pouvoir et court à travers bois, s'écorchant et butant contre les arbres. Dix minutes plus tard, il arrive à l'auberge. Ses parents sont assis sur le balcon.

— Pierre, que se passe-t-il? demande sa mère.

— Rien, rien, souffle Pierre, le sang lui battant les tempes.

Le jour suivant, d'autres visiteurs arrivent. Une des nouvelles familles compte deux garçons de son âge. Ils se présentent aussitôt à Pierre. Bernard, grand et maigre, est âgé de quatorze ans et a les cheveux bruns; François, douze ans, les cheveux blonds, est court et plutôt gros. Charlie, le jardinier, les observe tout en raclant les feuilles mortes.

— Qu'est-ce qu'il y a à faire ici? demande François. Mes parents veulent qu'on regarde les feuilles d'automne. On les a vues. Alors, maintenant?

— Il n'y a même pas de téléviseur dans notre chambre, fait Bernard. Je ne peux pas croire qu'on va passer toute la fin de semaine à se morfondre.

— Qu'est-ce que tu as fait, toi? demande François. De l'observation d'oiseaux?

Pierre se redresse sur sa chaise. Il va les épater.

— Je suis allé à une maison hantée, hier. Ce

n'est pas très loin… et ça donne la chair de poule.

François éclate de rire.

— Tu crois à ces bêtises ? Pas moi !

Pierre se sent rougir.

— Je vais vous y conduire, lance-t-il. Vous verrez par vous-mêmes.

— Bravo, on se rencontre ici dans une demi-heure, acquiesce Bernard. On va d'abord défaire nos valises.

— D'accord, rendez-vous ici dans une demi-heure, répète Pierre.

Il regarde alors Charlie et sa montagne de feuilles et se demande pourquoi il n'a pas mis les deux garçons en garde contre la vieille maison.

Une demi-heure plus tard, Pierre attend impatiemment les deux garçons en face de l'auberge. Il ne faut pas que Charlie les voie partir en direction de la vieille maison.

La porte s'ouvre enfin.

— On y va ! crient-ils à Pierre.

Ils courent tous les trois jusqu'à l'embranchement et prennent le chemin de droite. Ils ralentissent au fur et à mesure qu'il devient plus étroit.

— Est-ce que c'est une blague, cette histoire de maison hantée ? demande François.

— C'est ici, je te le dis, affirme Pierre.

Il sait qu'ils ne sont plus très loin car sa poitrine se gonfle d'anxiété. Ils débouchent sur la clairière. Pierre regarde la maison, géant sombre parmi les arbres colorés.

— Oh la la ! Ça ressemble vraiment à une maison hantée ! chuchote François.

— Allons-y, crie Bernard en courant vers la maison.

— Non, attendez ! lance Pierre.

Il se tient à l'orée de l'éclaircie. Les deux garçons se retournent.

— Quoi ? Aurais-tu peur ?

— Je n'irais pas plus loin si j'étais vous, les avertit Pierre.

Les deux garçons se moquent de lui et courent vers la maison. Pierre les regarde gravir les marches à toute vitesse. Bernard arrive le premier en haut. Il tourne la vieille poignée et pousse la porte qui s'ouvre en grinçant.

Pierre s'avance un peu vers la maison. Bernard et François se retournent pour le regarder et rient de nouveau avant de pénétrer à l'intérieur. Pierre sent des gouttes perler sur son front ; il ne peut se décider à avancer.

Dix minutes plus tard, Bernard et François sortent de la maison couverts de poussière et de fils d'araignée.

— Tu parles d'une maison hantée ! s'exclame François. Il n'y a que des vieux meubles.

— Pourquoi t'es pas venu ? demande Bernard. Tu n'as pas vraiment peur de cet endroit, non ?

— Allez, venez, dit Pierre. Il faut que je rentre.

— Peureux, chuchote François dans son dos.

— Peureux, répète Bernard.


Le jour suivant, les deux frères ignorent Pierre. Ce dernier commence à penser qu'ils ont bien raison de le prendre pour un peureux. Pourquoi aurait-il peur d'entrer dans la maison si ces deux-là y étaient entrés, puis en étaient ressortis sans mal ? L'histoire du vieil homme l'a trop influencé.

Pierre passe rapidement sa main dans ses cheveux roux, puis se décide. Il doit prouver qu'il est courageux : il va aller dans la maison et en rapporter une preuve.

Des nuages commencent à obscurcir le ciel. Le vent traverse son chandail et arrache les feuilles des arbres. Le chemin a l'air différent aujourd'hui. Les arbres sont presque nus; les branches ressemblent à des squelettes agités de tremblements. Pierre enfonce ses mains dans ses poches et donne des coups de pied dans les tas de feuilles. Pourquoi Charlie lui a-t-il raconté cette histoire ?

Pierre se met à courir pour se réchauffer. Plus vite il arrivera, plus vite il sera de retour.

Tout comme hier, ses jambes sont paralysées par la peur à la simple vue de la maison. Pierre s'efforce de poursuivre son chemin, les bras serrés contre sa poitrine pour s'empêcher de trembler. Pas à pas, il s'approche de l'escalier.

Les paroles du vieil homme résonnent dans sa tête, mais Pierre les ignore. Il ne peut plus s'arrêter. Il entend déjà le même bruit étrange, l'espèce de sifflement de la première fois. La panique l'envahit. Il veut empêcher son pied de se poser sur la première marche. Trop tard ! Deux bras invisibles le saisissent et le tirent le long des marches. Devant lui, la porte s'ouvre.

Pierre se sent poussé dans la maison. Il ne peut plus s'échapper. La porte se referme.

Les yeux de Pierre sont remplis de terreur. Autour de la pièce, cinq visages fantomatiques le dévisagent. Pierre comprend finalement l'avertissement du vieux Charlie... les cinq fantômes ont les cheveux roux.

# La revanche du fantôme

Fatigués, leurs uniformes en loques et souillés de sang, les jeunes Confédérés marchent le long du chemin. Ils ont de la chance; ils ont survécu à l'affreuse bataille gagnée par les Nordistes. Plusieurs de leurs amis ne reviendront jamais.

Un jeune lieutenant du nom de William Compton chevauche près d'eux. C'est son premier combat et il aimerait oublier ce qu'il y a vu; la mort l'a frôlé à plusieurs reprises. Une voiture transportant une jolie jeune fille passe sur le chemin poussiéreux près de la colonne de soldats. Leurs yeux se rencontrent; elle lui sourit.

Dans la voiture, Lucie Potter continue de sourire. Même s'il est sale et fatigué, ce jeune officier lui paraît très beau. Lucie est aussi très belle; âgée de dix-sept ans, elle passe beaucoup de temps devant son miroir.

Lucie se rend dans la plantation à son oncle. Elle a dû s'enfuir de la ville où elle était en pension quand l'armée de l'Union s'est rapprochée. Son riche oncle s'occupe d'elle depuis qu'elle a perdu ses parents lors d'une épidémie, trois ans auparavant.

Lucie tourne la tête pour regarder la colonne de soldats. La guerre l'excite et elle trouve que les jeunes hommes ont l'air brave dans leurs uniformes. Elle a hâte de rencontrer un bel homme riche et de se marier.

Les ombres de la nuit ont déjà envahi l'immense maison à l'arrivée de Lucie. C'est une magnifique demeure, très différente de celle où elle a été élevée. En passant la porte, elle fait le souhait de toujours mener une telle vie. Elle doit simplement choisir le mari idéal.

Son oncle et sa tante la reçoivent affectueusement. On la conduit à une chambre spacieuse. La penderie est remplie de robes coûteuses; ce sont celles de sa cousine Éléonore, morte lors de la même épidémie qui a emporté ses parents. Avant de se mettre au lit, Lucie essaye plusieurs robes. Elle se regarde dans le miroir et sourit à son reflet. Sa nouvelle vie vient de commencer.

Au beau milieu de la nuit, quelqu'un frappe à la porte. L'oncle de Lucie va ouvrir à un capitaine confédéré exténué. L'officier demande asile pour lui et ses hommes. Monsieur Potter les invite à rester dans la maison.

Le lendemain matin, Lucie descend déjeuner vêtue d'une robe de soie rose, qui met en valeur sa peau blanche et ses yeux bleus. S'attendant à ne trouver que son oncle et sa tante dans la salle à manger, quelle n'est pas sa surprise de voir cinq officiers, quatre jeunes et un plus vieux, attablés avec ses parents.

— Voici ma nièce, Lucie Potter, la présente son oncle.

Tous les hommes se lèvent et déclinent leur identité. Elle les salue et leur sourit. Mais son plus beau sourire est pour le lieutenant William Compton, celui qu'elle avait déjà remarqué la veille, en voiture. Il a franchement meilleure allure aujourd'hui. Elle s'assoit en face de lui, à la longue table garnie de porcelaine et d'argenterie.

Pendant que son oncle et les officiers discutent de l'évolution de la guerre de Sécession, Lucie regarde souvent William Compton qui la dévisage de ses beaux yeux bruns. Elle rougit chaque fois.

— J'insiste pour que vous et vos hommes

restiez à ma plantation jusqu'à ce que vous receviez de nouveaux ordres, offre monsieur Potter au capitaine.

— Merci beaucoup, monsieur, répond le capitaine. Mes hommes ont besoin de repos. La guerre les a fortement ébranlés.

Lucie voit le bonheur envahir la figure de William Compton. Elle se demande s'il est aussi riche que beau.

Le même après-midi, elle l'aperçoit dans la roseraie par la fenêtre de sa chambre. Elle se regarde dans un miroir, puis descend le grand escalier et va rejoindre le lieutenant qui est appuyé contre un grand chêne.

— Lucie, dit-il en l'apercevant. Je m'excuse, je veux dire mademoiselle Potter.

Elle lui demande de l'appeler par son prénom et il lui présente la même requête. Après avoir fait deux fois le tour de la roseraie, elle est certaine qu'il est amoureux d'elle. La guerre l'a rendu sentimental.

Il commence à lui raconter la dernière bataille à laquelle il a participé, mais s'arrête soudain, cueille une rose rouge et la lui offre. Le cœur de Lucie bat à tout rompre.

Ce soir-là, ils soupent côte à côte et entretiennent une conversation à mi-voix pendant que les autres échangent sur monsieur Lincoln et la guerre. En se mettant au lit, Lucie a la tête pleine de son nouvel amour. Il faut qu'elle sache s'il est riche.

Le soir suivant, alors qu'ils sont assis dans la roseraie après le souper, Lucie demande à William de lui parler de sa maison. Mais au lieu d'une riche demeure comme celle de son oncle, il lui décrit une petite maison de bois semblable à celle où elle a été élevée. Il lui parle aussi de sa mère, veuve, et devenue encore plus pauvre à cause de la guerre. Les paroles de William s'estompent un peu après le baiser qu'ils échangent sous la riche frondaison.

Les soldats restent à la plantation trois autres semaines pendant que le général Lee planifie une attaque contre l'armée de l'Union. Lucie et William passent toutes leurs journées ensemble et, la nuit venue, rêvent l'un de l'autre. Un matin, le capitaine annonce leur départ imminent.

— Demain, nous allons vers le Nord, explique-t-il. L'armée de l'Union est en marche; nous la croiserons à une centaine de kilomètres d'ici.

Le regard de Lucie croise celui de William. Le capitaine donne ses ordres à ses lieutenants, mais avant de quitter la salle à manger, William fait promettre à Lucie de le rejoindre dans la roseraie à la nuit tombée.

Ils se retrouvent sous le même arbre. Le cœur de Lucie bat plus vite quand elle le voit sortir un petit objet brillant de sa poche, qu'il glisse à son annulaire. C'est un anneau d'or.

— Marions-nous quand je reviendrai, Lucie, fait-il, un genou à terre.

Lucie regarde le petit anneau tout simple. Elle a toujours rêvé d'une bague avec un diamant jetant mille feux. Mais en regardant William, qui part à la guerre le lendemain, elle lui en fait la promesse.

William se lève et l'embrasse. Il la tient fermement par les épaules et la regarde droit dans les yeux.

— Promets-moi une chose, Lucie, lui demande-t-il. Si je ne reviens pas de cette bataille, jure-moi que tu n'épouseras personne d'autre.

Lucie hésite. Elle tourne l'anneau autour de son doigt. William la dévisage.

— Je te le promets, William. Je n'épouserai jamais personne d'autre que toi.

Les soldats quittent la plantation le matin suivant, à l'aube. Lucie fait un signe de la main à son lieutenant à cheval. Elle ne quitte pas les marches avant de l'avoir vu disparaître au loin. Puis elle monte dans sa chambre et se regarde longuement dans son miroir.

Cinq nuits plus tard, on frappe de nouveau à la porte des Potter. Exténué, un officier confédéré apporte des nouvelles de la terrible bataille qui a fait rage plus au nord. Le Sud a perdu un grand nombre de soldats. Le capitaine Sanders demande si lui et ses soldats peuvent se reposer à la plantation. Avant d'aller installer ses hommes, il dit avoir un message pour mademoiselle Lucie Potter : le lieutenant Compton a été blessé à mort.

Quand monsieur Potter annonce la nouvelle à Lucie, le lendemain, il s'attend à des larmes. Elle prend cependant la chose avec grand calme, mais elle ne cesse de tourner et de retourner l'anneau autour de son doigt.

Les semaines suivantes sont très agitées. Le jeune capitaine emménage dans la plantation avec ses officiers. Les serviteurs et la famille installent les blessés dans les écuries. Le souvenir de William s'estompe au contact quotidien du capitaine Sanders. Lucie le trouve très beau et est fascinée par les histoires qu'il raconte sur la riche plantation de son père, plus au sud. Lucie se doute qu'elle n'est pas indifférente au capitaine, mais ce dernier est trop gentilhomme pour le lui montrer, surtout qu'il lui a apporté en personne la nouvelle de la mort de son fiancé.

Un jour, le capitaine lui offre de la conduire au cimetière où les soldats confédérés décédés ont été enterrés. Lucie accepte avec empressement. Elle choisit de porter, pour l'occasion, une robe richement colorée. Elle part en voiture avec le capitaine, faisant nerveusement tourner l'anneau autour de son doigt tout en écoutant le capitaine faire le récit de sa vie avant la guerre.

Arrivée devant la tombe de William, Lucie demande de rester seule un moment. Dès que le capitaine s'est éloigné, elle enlève l'anneau de son doigt et le lance parmi les mauvaises herbes qui ont déjà envahi le sol.

Son oncle et sa tante sont surpris quand,

deux mois plus tard, le capitaine Sanders annonce que Lucie a accepté de l'épouser avant la prochaine grande bataille. Monsieur Potter organise rapidement la cérémonie qui aura lieu le samedi suivant à l'église locale.

Lucie est toute fière de montrer la magnifique bague surmontée d'un diamant que le capitaine lui a offerte. La meilleure couturière des environs est engagée à travailler jour et nuit à la confection d'une robe de mariée toute de soie et de dentelle. Une seule fois, sa tante parle de William Compton; Lucie crie qu'elle ne veut plus entendre ce nom et tourne sa bague si furieusement qu'elle se coupe le doigt.

Le matin du mariage, Lucie avance dans l'allée de la petite église au bras de son oncle. Elle regarde amoureusement son fiancé qui l'attend près de l'autel.

L'officiant entame la cérémonie. Au fur et à mesure qu'approche le moment où elle deviendra madame Sanders, Lucie sent la nervosité la gagner. L'anneau lui brûle le doigt et elle doit faire un effort pour ne pas le faire tourner.

Il est temps de prononcer les mots qui les

uniront pour la vie. « Si quelqu'un a quelque empêchement à cette union, qu'il parle maintenant… ou qu'il se taise à jamais. »

Lucie sent un froid mortel gagner sa nuque et envahir tout son corps. Puis elle entend la porte s'ouvrir et sent un vent glacial pénétrer dans l'église. Comme tous les invités, elle se retourne. Ses yeux rencontrent le regard de William Compton, debout à l'arrière.

Pendant qu'il remonte l'allée vers elle, Lucie remarque la blessure à sa poitrine. On dirait une rose rouge sur son cœur.

Les yeux de William brûlent comme le feu dans son visage blanc et sans vie. Lucie recule et cache la bague derrière son dos. Tout le monde semble figé dans cette tornade de vent glacial dont William est le centre.

Lucie pousse un hurlement quand les mains squelettiques de William l'atteignent. Puis elle se sent emportée hors de l'église par la poigne de son fantomatique fiancé.

Quand le capitaine Sanders et les parents sortent à leur tour, il n'y a aucun signe de Lucie. Ils entendent seulement le galop d'un cheval.

Les hommes sautent sur leur monture et filent dans la direction du bruit. Ils galopent sur le chemin qui mène au cimetière où William n'a pas réussi à trouver le repos. Le capitaine Sanders court à la tombe où il avait conduit Lucie quelque temps auparavant.

Les hautes herbes ne peuvent cacher Lucie, morte, les mains agrippées à la pierre tombale. À l'annulaire de sa main gauche, un petit anneau d'or tout simple... celui que William Compton avait passé au doigt de sa fiancée.

# Un repas spécial

Il y a tout juste un an que Lisa et Hervé sont mariés. Pour cet anniversaire, Lisa prépare le repas préféré de son mari. Elle repasse le menu dans sa tête. Crème de brocoli. Champignons farcis. Truite florentine. Pommes de terre gratinées. Salade verte. Mousse au chocolat.

Lisa pousse un long soupir. Bien sûr, il n'y a pas de viande rouge. C'est strictement défendu.

La figure de Hervé s'éclaire d'un large sourire quand Lisa apporte le potage. Ils se souhaitent chacun un bon anniversaire et commencent à manger. Lisa couve son mari des yeux. Elle le trouve très beau, même si ses parents souhaiteraient le voir tailler sa grosse barbe et sa chevelure épaisse.

Hervé complimente Lisa tout en finissant sa mousse au chocolat avec un soupir de satisfaction.

— Je suis l'homme le plus comblé de la terre. Tu es une cuisinière remarquable.

— Merci, répond Lisa. Peut-être qu'un soir je pourrais te faire un steak ou même juste un hamburger ?

— Lisa, dit-il, tu sais que je ne peux pas manger de viande rouge.

— Mais Hervé… continue-t-elle faiblement.

Elle sait que cette discussion est tout à fait vaine.

— Ma mère m'a dit que je ne devais manger aucune viande rouge, tu le sais, Lisa. Je n'ai pas l'intention d'en discuter.

Il se lève et commence à desservir la table.

— Pourquoi dois-tu encore obéir à ta mère ? Tu ne l'as pas vue depuis vingt ans.

— Pendant les cinq années que ma mère a vécu avec moi, je n'ai jamais mangé de viande rouge, réplique Hervé. Et les derniers mots qu'elle a prononcés avant de partir furent : « Ne mange jamais de viande rouge ! »

Lisa décide d'abandonner le sujet. Après tout, c'est leur anniversaire.

Chaque fois qu'elle cuisine au cours de la semaine suivante, Lisa se sent frustrée de l'entêtement de son mari. Elle aime la viande et ne peut jamais manger de gigot, de rôti ou de côtelettes. Elle en veut de plus en plus à sa belle-mère. Lisa pense qu'elle devait être folle de s'être enfuie et de n'être jamais revenue.

Hervé n'aime pas parler de sa mère, mais Lisa revient à la charge un soir qu'ils mangent une lasagne aux aubergines, un plat sans viande qu'Hervé aime particulièrement.

— Quels plats ta mère te cuisinait-elle, Hervé ? demande calmement Lisa.

Hervé affiche un air surpris en levant les yeux de son assiette.

— Tu sais que je n'aime pas parler de ma mère, mais maintenant que tu m'y fais penser, il y avait une casserole de nouilles au thon que j'appréciais beaucoup.

— Quoi d'autre ? demande Lisa.

— C'est tout ce dont je me souviens, dit Hervé sur la défensive. Peut-on parler d'autre chose maintenant ?

À partir de ce soir-là, un plan germe dans la tête de Lisa. Elle décide d'aider Hervé à se défaire de sa peur irrationnelle de la viande rouge. Sa mère devait sûrement être malade et avait transmis son obsession ridicule à son fils.

Lisa se met à étudier ses livres de recettes. Elle doit en trouver une qui cachera la texture et l'apparence de la viande rouge afin de tromper son mari. Des nouilles surprise! C'est un plat de pâtes dans une sauce riche et épaisse assaisonnée de paprika. Mais de minuscules morceaux de viande sont cachés dans la sauce. Lisa marque la page d'une petite bande de papier. Elle essaie d'imaginer la surprise de son mari quand il apprendra ce qu'il y avait dans les nouilles surprise.

Lisa attend une longue semaine avant de mettre son projet à exécution. Un jour, Hervé lui annonce qu'il travaillera tard. Lisa l'assure que quelque chose sera prêt pour lui, à son retour.

L'après-midi, elle court chez le boucher.

— Un demi-kilo de votre meilleur bœuf, s'il vous plaît.

Le boucher prend, dans son comptoir, de la viande rouge comme elle n'en a pas vu depuis longtemps. Il en coupe un morceau, le pèse, l'enveloppe et le tend à Lisa qui le dépose dans son panier comme s'il s'agissait d'un précieux caviar.

Plus tard, elle fait rôtir la viande jusqu'à ce

qu'elle soit cuite à point. Elle la coupe ensuite en fins morceaux qu'elle mêle à la sauce des nouilles surprise et elle met le plat au four.

Au moment où elle le retire du four, elle sent un baiser sur sa nuque. Elle pousse un cri, rattrapant de justesse le plat qui lui glisse des mains. Hervé est derrière elle.

— C'est moi, dit-il en observant l'expression sur son visage. Pourquoi as-tu l'air si coupable?

— Coupable? dit Lisa. Ne sois pas ridicule. Je voulais seulement que le souper soit sur la table à ton arrivée.

— Qu'as-tu préparé?

— Quelque chose de spécial, répond Lisa.

Elle apporte le plat de nouilles surprise au milieu de la table et sert Hervé.

— Lisa, tes mains tremblent. As-tu eu une journée difficile?

— Pas vraiment, répond-elle en se servant à son tour. Et toi?

Elle pose question après question pour empêcher Hervé de regarder son assiette de trop près. Finalement, il mange une première bouchée. Lisa retient sa respiration pendant qu'il mastique et avale.

— Lisa, demande-t-il, quel est ce goût étrange ?

— Du paprika, dit-elle le cœur battant.

— Non, ce n'est pas le paprika, dit Hervé. C'est autre chose. Je n'ai jamais goûté ça auparavant.

Hervé prend une autre bouchée et l'avale goulûment.

— Délicieux, dit-il la bouche pleine.

Lisa cache son sourire derrière sa serviette de table : Hervé dévore littéralement toute la nourriture.

— Encore ! demande-t-il en poussant son assiette vers elle.

— Hervé, qu'as-tu fait de tes bonnes manières ? dit Lisa en le servant de nouveau.

Un étrange grognement sort de la gorge d'Hervé. Lisa est inquiète.

— Hervé, est-ce ton estomac que je viens d'entendre ?

Hervé ne dit pas un mot, occupé qu'il est à finir sa dernière bouchée. Il la pousse de nouveau vers Lisa.

— Encore, dit-il d'une voix que Lisa reconnaît à peine.

— Hervé, vraiment, je ne sais pas ce qui t'arrive, dit nerveusement Lisa en mettant encore plus de nouilles surprise dans son assiette.

— J'aime... beaucoup... cette... nourriture... dit Hervé de la même voix étrange.

Lisa pousse un cri, car la main que son mari tend pour reprendre l'assiette est couverte de touffes de poils comme de la barbe. Elle le regarde et une lueur bizarre passe dans ses yeux. Hervé sourit, lui dévoilant de longues dents pointues.

Lisa hurle et tente de lui enlever l'assiette, mais il la lui arrache des mains.

— Non, Hervé, non ! supplie-t-elle. Ne mange plus. C'est de la viande rouge !

Pendant une seconde, ils se dévisagent par-dessus la table. La sonnette de la porte les interrompt. Une expression sauvage passe dans la figure d'Hervé alors qu'il saute de sa chaise et court vers la porte. Lisa le suit et pousse un hurlement en apercevant une créature couverte de poils gris sur le palier.

— Maman ! grogne Hervé.

— Hervé ! fait la créature sur le même ton.

Puis ils s'élancent tous les deux dans la nuit.

Lisa reste sur le pas de la porte, regardant la pleine lune. Après avoir entendu deux hurlements dans la nuit, elle retourne lentement dans la salle à manger et s'assoit, seule.

Elle sait qu'elle ne reverra plus jamais Hervé. Elle sait aussi qu'elle ne pourra plus jamais avaler de viande rouge.

# La boîte des disparitions magiques

Benoît circule dans une partie de la ville qu'il n'a jamais visitée. Les rues sont bordées de boutiques d'antiquités et de vieilleries. En passant, Benoît s'arrête à une des vitrines. Au milieu d'objets hétéroclites, trône un vieux haut-de-forme avec un lapin empaillé tout mité à l'intérieur.

Benoît se demande si c'est réellement le chapeau d'un magicien. La magie, c'est sa passion. Il lit tout ce qui s'y rapporte et s'exerce à faire des tours pendant ses loisirs. Au-dessus de la porte, une affiche : Curiosités du passé. Il pénètre dans la boutique. Un regard autour de la petite pièce lui fait découvrir des singes empaillés installés à côté de gros chandeliers de cuivre, et aussi des chiens de porcelaine grandeur nature sur des boîtes ressemblant à des cercueils. Tout est vraiment très étrange.

Benoît examine les babioles sur la table et les étagères.

— Puis-je vous aider?

Benoît se retourne au son de la voix. Un vieil homme courbé le regarde de ses yeux perçants.

— Je... je regardais seulement, balbutie Benoît.

— Prenez votre temps, dit le vieil homme. Je serai derrière. Si vous avez besoin de moi, agitez cette cloche.

L'homme pointe une grosse cloche près du tiroir-caisse et clopine vers l'arrière du magasin.

Benoît hausse les épaules et continue à fureter. Il regarde de plus près le chapeau de la vitrine. C'est bien un chapeau de magicien, mais il en a déjà un. Il se demande s'il n'y aurait pas d'autres vieux objets qu'il ne connaîtrait pas.

Pendant une demi-heure, Benoît fouille dans ce bric-à-brac. Soudain, quelque chose attire son regard. C'est une boîte noire toute brillante, de la grosseur d'une boîte à chaussures. Il passe la main sur les charnières et les coins recouverts de cuivre.

Ce qui l'intéresse particulièrement, ce sont

les mots gravés sur une plaque, également en cuivre : **La boîte des disparitions magiques**. Avec soin, Benoît soulève le loquet et ouvre la boîte. L'intérieur est vide. Une autre petite plaque de cuivre à l'intérieur du couvercle met en garde un éventuel acheteur : **Ne coincez pas votre main sous le couvercle ou vous vous en repentirez.**

Benoît referme lentement le couvercle et fixe la boîte quelques minutes. Cette boîte magique était sûrement une blague ! Mais Benoît la veut à tout prix. Il compte son argent : quinze dollars. Il lui en faut deux pour rentrer chez lui, ce qui lui fait treize dollars pour la boîte.

Benoît prend la boîte et va agiter la cloche près du tiroir-caisse. Un son aigrelet fait revenir le vieil homme. Il regarde Benoît, puis la boîte. Un étrange sourire se dessine lentement sur sa figure.

Une heure plus tard, installé dans sa chambre, Benoît déballe la boîte. Ses mains tremblent en la déposant sur son bureau. Il relit les mots de la plaquette cuivrée : **La boîte des disparitions magiques**. Il ne peut attendre plus longtemps; a-t-il dépensé treize dollars en vain ? Il ouvre la boîte et regarde à l'intérieur. Il n'y a aucune instruction, seulement l'avertissement : **Ne coincez pas votre main sous le couvercle ou vous vous en repentirez.**

Benoît ouvre toute grande la boîte et se demande avec quoi il pourrait bien la mettre à l'épreuve. Ses yeux tombent sur son gros dictionnaire bleu. Il entre parfaitement dans la boîte et Benoît ne serait pas trop malheureux de le voir disparaître.

Il referme soigneusement le couvercle en le tenant par le loquet, mais se sent un peu ridicule de prendre l'avertissement au sérieux. Ce n'est probablement qu'une blague. Il n'y a ni formule magique ni tour de passe-passe. Benoît attend quelques minutes, puis ouvre la boîte.

Elle est vide.

Pendant un moment, Benoît regarde l'espace vide, puis il soulève la boîte et la tourne de tous les côtés, cherchant le secret de sa magie. Il y a sûrement un truc; les choses ne disparaissent pas ainsi.

Il trouve enfin quelque chose : une petite poignée de cuivre sur le côté de la boîte. Il la tire doucement et découvre un petit tiroir.

Benoît examine les choses étranges à l'intérieur du tiroir : un minuscule livre bleu à côté d'une non moins minuscule figurine. Il prend d'abord le livre et déchiffre difficilement le titre. C'est un dictionnaire, une miniature parfaite d'un vrai dictionnaire. Benoît le laisse échapper comme s'il lui brûlait les doigts. Comment la boîte avait-elle réussi un tel tour ?

Son regard est attiré par la figurine d'un petit garçon. Il n'a que quelques centimètres de hauteur et est habillé de vêtements anciens. Les détails de la figure et des vêtements sont tellement réels qu'il pourrait bien être vivant... s'il n'était pas si petit.

Benoît range le livre et la figurine dans sa bibliothèque. Il referme le tiroir secret, ouvre le couvercle de nouveau et cherche autre chose à mettre dans la boîte. Il peut à peine croire à ce qui lui arrive.

Dans le miroir, son reflet est pâle, parsemé de taches de rousseur. Il se pince le bras à travers son polo rouge, juste pour être certain de ne pas rêver. La boîte est le truc le plus étrange qu'il ait jamais vu. D'ailleurs ce n'est pas un truc, c'est de la vraie magie.

Benoît prend un crayon sur son bureau, le

dépose dans la boîte et referme le couvercle. Une minute plus tard, il ouvre le tiroir du côté. À l'intérieur, il trouve une parfaite réplique du crayon, mais si petit qu'il peut à peine le saisir entre deux doigts.

L'heure avance; ses parents seront bientôt là. Benoît veut garder son secret pour lui seul. Il tente un dernier essai avec quelque chose de spécial : son transistor. Fonctionnera-t-il toujours après avoir été miniaturisé ?

Benoît soulève le couvercle de la boîte, prend l'appareil et le dépose à l'intérieur. En refermant le couvercle, cependant, il s'aperçoit que l'antenne est trop longue. Il entre la main à l'intérieur pour l'abaisser. Au même moment, il entend sa mère l'appeler d'en bas.

— Benoît, nous sommes arrivés !

Surpris, Benoît tourne le tête. Le lourd couvercle noir lui échappe et se referme sur sa main. Pendant une seconde, il a mal, puis il ne sent plus rien.

\* \* \*

Pendant toute une année, la police le recherche. Les seuls indices : une étrange boîte noire, un minuscule livre et une figurine trouvés dans sa chambre. Ils abandonnent finalement les recherches, faute de pistes sérieuses. Les parents de Benoît nettoient sa chambre et distribuent tout ce qui s'y trouve. Par un curieux hasard, la boîte noire se retrouve dans la même boutique d'antiquités où Benoît l'avait achetée.

Le vieil homme la repose sur la même étagère, attendant qu'un autre garçon veuille l'acheter. Ce garçon trouvera sans doute le tiroir secret… et, à l'intérieur, une petite figurine d'un garçon en polo rouge, le nez couvert de taches de rousseur.

# Attends le retour de Max

L'orage se prépare. Un homme avance rapidement sur un petit chemin reliant deux villages. Il n'a pas rencontré âme qui vive depuis des heures et il est de plus en plus inquiet.

Un vent froid se lève, agitant les arbres et soufflant la poussière dans ses yeux. Le ciel est sombre comme si la nuit était là avant son heure. Soudain, fendant les nuages, un éclair zèbre le ciel, vite suivi d'un roulement de tonnerre.

L'homme s'arrête. Un terrible orage va éclater; il doit se trouver un abri. Il tente de percer l'ombre entre les arbres qui bordent le chemin, quand deux éclairs successifs lui permettent d'apercevoir une petite maison sur une colline. Il s'empresse de suivre le sentier qui y mène.

De grosses gouttes de pluie commencent à tomber sur sa tête nue. Le sol détrempé devient vite glissant. L'homme poursuit son escalade avec peine. Et si le sentier ne menait pas à la maison ?

Il arrive dans une petite éclaircie. La lumière vive de la foudre illumine une maison à pignons dont les fenêtres ressemblent à des yeux aveugles. L'homme recule. La maison donne l'impression d'être une méchante bête tapie dans le noir. Devrait-il retourner sur le chemin ?

Mais la force du vent s'amplifie, fouettant l'homme de millions de gouttes de pluie. Il court à la maison et ouvre facilement la porte. Il entre avec précaution et referme la porte derrière lui.

La maison est silencieuse comme une tombe. L'homme entend seulement le martellement de la pluie. Il fouille dans sa poche, y trouve une allumette et la frotte. La brusque clarté éclaire l'entrée où il se trouve. Sur un guéridon, une paire de chandeliers semblent n'attendre que lui. Il allume une chandelle et, le chandelier à la main, commence à visiter la maison.

Dans la première pièce, il y a un énorme foyer rempli de petit bois. L'homme y allume un feu à l'aide de sa chandelle allumée. Bientôt, une chaleur réconfortante remplit la pièce. L'homme voit maintenant les fenêtres brisées et la poussière qui recouvre les meubles.

Il s'assoit dans un fauteuil en face du feu. Peut-être est-il enfin en sécurité, pense-t-il.

Mais il a à peine fermé les yeux pour se reposer qu'il entend un faible cri. Il aperçoit alors un mignon petit chaton gris assis devant l'âtre. Le chaton le regarde et miaule de nouveau.

La vue de l'animal rassure l'homme. Il referme les yeux, puis il entend un autre cri, un peu plus fort. Il ouvre les yeux et voit un gros chat tigré assis près du chaton. Il y a maintenant quatre yeux verts qui le regardent.

L'homme aime bien les chats, aussi ne s'en préoccupe-t-il pas. Il referme les yeux.

— Qu'est-ce qu'on va faire de lui ?

L'homme sursaute et regarde autour de lui. Qui a parlé ? Mais il n'y a que les deux chats assis sagement devant l'âtre. C'est sans doute son imagination qui lui joue des tours.

Mais le chat tigré se tourne alors vers le chaton gris et lui parle.

— Attends le retour de Max.

L'homme se met à trembler et à se frotter les yeux. Devient-il fou ? Puis un fort siffle-

73

ment attire son regard vers le foyer. Un troisième chat, jaune et aussi gros qu'un chien, a
rejoint les deux autres.

— Qu'est-ce qu'on va faire de lui?
demande le chat tigré.

— Attends le retour de Max, dit le gros chat
jaune.

L'homme cherche la porte des yeux, mais il
est déjà trop tard : un quatrième chat pénètre
dans la pièce. Il est gros comme un léopard et
noir comme la nuit. Ses yeux jaunes dévisagent l'homme.

— Qu'est-ce qu'on va faire de lui?
demande le gros chat jaune.

— Attends le retour de Max, répond le chat
noir.

Il s'installe dans l'embrasure de la porte.

L'homme regarde les quatre chats qui le
reluquent d'un air gourmand. Il tourne la tête
vers la fenêtre la plus proche, celle dont la
vitre est brisée. D'un bond, il quitte son fauteuil et saute par la fenêtre.

— Dites à Max que je ne pouvais pas
l'attendre ! crie-t-il.

L'homme court chez lui, s'enferme dans sa propre maison et n'en sort plus. Il sait que quelque part, dehors, Max l'attend.

# La vieille mendiante

À cette époque-là, dans les villages de la côte anglaise, les temps sont durs. Les récoltes sont pauvres et la nourriture est peu abondante. Les vêtements en loques et la mine hagarde, les mendiants errent dans la campagne à la recherche d'un abri et de nourriture. Les bonnes gens partagent le peu qu'ils ont avec les pauvres. Mais une personne les ignore et préfère se regarder dans le miroir.

Madame Agatha Parry vit dans un riche manoir, sur une falaise surplombant l'Atlantique. Son mari possédait autrefois une flotte de baleiniers; il a fait fortune en vendant de l'huile de baleine. Le capitaine Parry est décédé il y a cinq ans, faisant de sa femme la veuve la plus riche du comté.

Certains disent qu'Agatha Parry est devenue avare à la mort de son mari. D'autres pensent qu'elle l'a toujours été, tandis que son mari était généreux avec les infortunés. Toutes sortes d'histoires et de rumeurs circulent sur cette femme. Elle a presque affamé une bonne qui n'avait pas bien frotté l'argenterie. Elle préfère que les restes de table soient donnés à ses chiens plutôt qu'aux pauvres. Elle ne veut pas que les mendiants viennent quêter chez elle, obligeant les serviteurs à les repousser dans la nuit noire.

Agatha va rarement en ville. Elle a tout ce qu'elle désire. Sa maison est remplie d'œuvres d'artistes connus. Dans la salle de musique, trônent un grand piano et une harpe dorée. Elle mange à une longue table garnie de porcelaine et d'argenterie. Ses invités, toujours des gens très aisés, même s'ils ne sont pas aussi riches qu'elle, mangent avec plaisir les plats raffinés préparés dans ses cuisines.

Agatha croit que l'air salin est vivifiant pour son teint. Si elle ne sortait pas tous les soirs pour sa promenade le long de la falaise, Agatha Parry n'aurait jamais vu les pauvres. Ceux-ci sont tellement désespérés qu'ils la suivent et quêtent de la nourriture jusque sur les rochers.

Agatha en a assez d'être obligée de mettre un mouchoir devant son nez après les avoir vus. Alors elle appelle ses serviteurs. Ils devront désormais chasser ces horribles individus de la falaise avant sa promenade. Leur seule vue risque d'abîmer sa peau.

Un soir, comme d'habitude, elle quitte la maison et se dirige vers les rochers. Les soieries de sa robe bruissent autour d'elle. Ses doigts sont lourds de bagues. À son côté, gambade un des petits chiens qu'elle affectionne.

Ses serviteurs l'ont assurée que la falaise était vide de mendiants. Elle se promène donc sur les rochers usés par le flux et le reflux des vagues. Elle marche tout près du bord pour contourner une grosse roche. Le petit chien est trop peureux pour la suivre; elle claque des doigts avec colère, mais rien n'y fait. Elle doit se pencher pour le prendre avant de continuer sur le petit sentier.

En bas, la mer s'enfle et bouillonne sous l'effet de la marée. Agatha achève son détour quand elle aperçoit une vieille femme installée dans une saillie du rocher. Elle pousse un cri et laisse tomber son petit chien.

— Un peu de nourriture pour une affamée, supplie la vieille femme d'une voix fêlée.

Agatha la regarde avec dégoût. La vieille porte des loques et une cape noire sur ses épaules. Ses dents jaunies sont longues et pointues. Dans sa vieille figure ridée, les yeux luisent. Ses doigts crochus tremblent en tentant de toucher Agatha.

— Allez-vous-en ! s'exclame cette dernière.

Elle voudrait s'enfuir mais ses jambes sont paralysées par la peur.

— Ma bonne dame, je meurs de faim, reprend la mendiante. Donnez-moi une petite pièce de monnaie pour m'acheter de la nourriture.

— Laissez-moi tranquille ! crie Agatha.

Mais elle ne réussit pas à s'éloigner. Leurs yeux se rencontrent et Agatha sent la crainte l'envahir comme un poison.

— Si vous ne me donnez pas de quoi manger, je vais mourir, dit la vieille femme d'une voix tremblante. Et un jour, vous serez comme moi, pauvre, laide et affamée.

Agatha fuit le regard de la vieille.

— Je ne serai jamais comme vous, souffle-t-elle en arrachant de son doigt une bague gravée de ses initiales. Je ne serai jamais pauvre, pas plus que cette bague ne pourra jamais revenir de l'océan.

Et elle jette sa bague du haut de la falaise.

La vieille femme murmure d'étranges mots

sans suite et regarde la mer. Agatha retrouve ses forces et court vers la maison.

Ce soir-là, Agatha n'apprécie pas le délicieux repas servi à la longue table. Même s'il est cuit à point, le rôti goûte la cendre. Le riche dessert au chocolat lui semble amer et Agatha le repousse sans le terminer. Elle va plutôt s'asseoir devant le feu, mais en regardant les flammes elle ne voit que les yeux de la vieille femme qui la dévisagent.

Le soir suivant, une servante l'empêche de sortir pour sa promenade. On doit d'abord retirer le corps d'une vieille femme trouvée morte dans les rochers. Agatha ne demande pas à quoi ressemble la morte. Elle le sait très bien.

Cette nuit-là est la première d'une longue série de nuits d'insomnie. Agatha revêt sa robe de nuit de satin, repose sa tête sur des oreillers duveteux, ferme les yeux et voit encore les yeux brillants, les dents jaunes et les doigts crochus de la vieille.

Une année passe. Agatha a beaucoup maigri et ses riches vêtements lui pendent sur le dos. Elle ne se promène plus sur la falaise et la peau de son visage est sèche et ridée. Les médecins appelés pour l'aider à dormir et à manger ne lui sont d'aucun secours.

Agatha devient de plus en plus cupide au fur et à mesure qu'elle maigrit. Pendant ses nuits sans sommeil, elle compte et recompte son argent et ses bijoux. Elle pense souvent à la bague qu'elle a autrefois lancée dans la mer.

Une nuit, elle décide de faire un grand souper et d'inviter tous les amis qu'elle n'a pas vus depuis un an. Elle doit leur prouver qu'elle est toujours aussi riche, surtout si des rumeurs disent le contraire. Elle envoie ses serviteurs acheter les aliments et les vins les plus fins et les plus rares. Rien n'est négligé pour préparer la maison.

C'est enfin le soir de la réception. Les amis d'Agatha arrivent en grand nombre, curieux de la voir. Elle remarque la surprise sur leurs visages. Hypocritement, ils lui disent qu'ils la trouvent toujours aussi belle.

Agatha les conduit dans la salle à manger où la table est mise. Elle prend place à un bout et fait signe aux serviteurs de commencer le service. Les invités mangent leur premier, leur deuxième puis leur troisième plat pendant qu'Agatha les regarde. Elle ne touche à aucune nourriture; elle n'a pas d'appétit.

Puis un serviteur apporte un grand plat recouvert d'une cloche d'argent. Il le place devant Agatha et il enlève le couvercle avec un grand geste. Un énorme poisson repose sous la cloche. Un murmure d'amusement parcourt les invités.

Le serviteur commence à découper le poisson. Soudain, il laisse tomber son couteau et pousse un cri de surprise. Agatha est irritée par le geste de son serviteur, mais elle dirige son regard vers le plat.

À l'intérieur du corps du poisson, une bague dorée brille dans la lumière des candélabres. Le serviteur la présente à Agatha. Avec des doigts tremblants, elle la tourne dans ses mains et lit ses propres initiales gravées dans l'or. Elle se rappelle les mots qu'elle a lancés avant de jeter la bague à la mer. Puis, sous le regard curieux de ses amis, Agatha sort de table en étouffant le cri qui lui monte à la gorge.

Cette nuit-là, un feu ravage entièrement la maison d'Agatha, détruisant toutes ses richesses. Elle s'échappe avec tout juste les vêtements qu'elle porte et une grande cape noire dont une servante lui entoure les épaules. Au lever du jour, Agatha regarde les vestiges de sa maison puis, serrant la cape autour d'elle, elle marche vers l'extrémité de la falaise qui surplombe l'océan.

Si vous allez marcher sur ces falaises de l'Angleterre, vous pourrez voir le fantôme d'une vieille mendiante. Vous la reconnaîtrez à sa grande cape noire et à la bague d'or qu'elle porte toujours à son doigt.

# Le bal masqué

C'est le soir de l'Halloween. La pleine lune éclaire le manoir où un grand bal masqué bat son plein.

Catherine se tient seule dans une toute petite pièce du premier étage. Son masque d'argent à la main, elle s'observe dans un miroir. Ses yeux bleus sont marqués par la crainte et la fatigue. Elle remet rapidement son masque et se tourne vers la porte. Elle doit retourner au bal... même si, parmi la foule, le vampire l'attend.

Dans le couloir, elle croise un homme en toge romaine et une Cléopâtre. Comme elle, ils portent des masques. Mais même sans masques, elle ne les aurait pas reconnus. La seule personne qui lui soit familière est l'hôte, un vieil ami de son père.

Du haut du large escalier en spirale qui mène à l'entrée de la demeure, Catherine entend les rires et les conversations monter jusqu'à elle. Elle affiche son sourire artificiel et, marche par marche, elle descend.

À mi-chemin, elle aperçoit une silhouette sombre qui se glisse parmi les invités. Sa cape noire flotte entre les costumes colorés. Le cœur de Catherine ne fait qu'un tour et ses jambes flageolent. C'est l'homme qu'elle a fui, quelques instants plus tôt. Elle n'avait vu que ses vêtements sombres et ses cheveux noirs et luisants. Mais elle sait que c'est lui, le vampire.

Catherine s'oblige à descendre d'une autre marche. Mais l'homme se retourne et la dévisage. Catherine voit ses deux terribles crocs écraser ses lèvres rouges. Elle ne sent plus ses jambes et la tête lui tourne…

Quand elle ouvre de nouveau les yeux, tout est clair. Un jeune homme blond masqué la regarde.

— Vous sentez-vous mieux ? demande-t-il.

Catherine se rappelle soudain où elle est. Plusieurs figures masquées sont tournées vers elle. Nulle trace de l'homme en noir.

— Laissez-moi vous conduire en bas, lui dit le jeune homme.

Catherine se tourne vers lui en souriant. Il est vêtu d'un veston rouge et d'un pantalon noir. Un masque couvre entièrement sa figure.

— Merci, dit Catherine. Je pense que j'ai failli perdre connaissance.

— Venez avec moi, reprend le jeune homme. Peut-être avez-vous besoin de manger. Je m'appelle Robert.

— Et moi, Catherine, répond-elle.

Elle a l'impression qu'un voile noir vient de s'écarter. Elle marche aux côtés du jeune homme jusqu'à la salle de bal. Une grande table y est remplie de victuailles. Catherine prend un petit canapé, mais l'appétit n'y est pas.

— J'ai été ridicule dans l'escalier, dit-elle en se tournant vers Robert. Je pensais avoir vu un vampire. Depuis plusieurs nuits, j'ai ces horribles cauchemars de vampire.

Robert s'arrête de manger et regarde Catherine.

— Racontez-moi vos rêves, lui dit-il.

Catherine hésite un peu. Elle se demande ce qu'il pensera de son histoire.

— Je rêve qu'un vampire habillé de noir vient me chercher. Peu importe si j'essaie de m'échapper, il est toujours là. Et quand j'aperçois ses crocs, je hurle... et je me réveille.

Son histoire terminée, elle remarque un changement dans les yeux de Robert. Ils sont sombres et durs. Elle se sent embarrassée. Il pense peut-être qu'elle est folle.

— Je suis désolée de gâcher ainsi votre soirée. Pouvons-nous danser ?

Robert prend sa main et l'entraîne sur la piste de danse. Catherine oublie l'homme en noir et son cauchemar. Au début de la danse suivante, une main pâle touche l'épaule de Robert. Ils se retournent tous deux vers l'ombre noire à côté d'eux.

— Puis-je danser avec cette jeune personne ? demande-t-il.

Catherine recule avec frayeur. C'est l'homme en noir de ses rêves, le vampire. Il est à quelques centimètres d'elle. Dans sa bouche, les crocs ne sont que des imitations en plastique. Mais elle s'agrippe à la main de Robert.

— Je suis désolé, dit fermement ce dernier, elle désire rester avec moi.

Catherine regarde la silhouette sombre s'éloigner aussi silencieusement qu'un chat.

— C'est lui, dit-elle, c'est l'homme que j'ai

vu avant. Avez-vous vu ses crocs ?

— Ce ne sont pas de vrais crocs, dit Robert en recommençant à danser. Vous ne devriez pas avoir peur de lui.

— Mais j'ai peur, dit Catherine. Mes rêves me semblent si réels que j'ai peur qu'ils se réalisent.

— Vous êtes énervée par la soirée de l'Halloween, dit Robert.

Sa voix semble dure et froide, si froide qu'un frisson parcourt Catherine. Peut-être commence-t-il à être embêté par sa conversation ? Catherine veut sortir et prendre un peu d'air.

— Venez dehors avec moi, dit-elle. Je ne veux plus rester ici.

Robert la conduit jusqu'à deux grandes portes-fenêtres. Ils marchent dans l'air chaud de la nuit. La lune éclaire toujours mais l'ombre d'un nuage s'approche.

— Je me sens en sécurité maintenant, dit-elle en se tournant vers la salle de bal.

Collée à une des fenêtres, la silhouette du vampire en train de l'observer la fait sursauter. Catherine pousse un cri et court vers le jardin, entraînant Robert à sa suite.

— J'ai peine à voir, dit-elle dans un sentier bordé de hauts arbustes. J'enlève mon masque.

Elle retire le masque argenté et regarde Robert. Elle pensait qu'il ferait comme elle. Mais il continue à marcher.

Le sentier débouche sur un lac. Ils se retrouvent sur un petit quai de bois. Une chaloupe y est amarrée.

— Je vous amène en promenade sur le lac, dit-il en pointant l'embarcation.

Catherine enjambe le rebord. Avant d'embarquer, Robert enlève son veston rouge. Il est maintenant tout en noir. Il s'installe et commence à ramer.

Catherine s'assoit toute droite, regardant nerveusement les lumières du manoir s'éloigner. Devant elle, les rames fendent l'eau d'un mouvement régulier.

— C'est difficile, dit-il. Voulez-vous tenir les rames pendant que j'enlève ma perruque ?

Catherine empoigne les rames. Elle l'observe avec curiosité pendant qu'il enlève soigneusement sa perruque blonde en empêchant son masque de glisser. Catherine remarque que la lune fait briller sa chevelure noire et lustrée.

— Pourquoi n'enlevez-vous pas votre masque ? demande-t-elle.

Robert ne répond pas mais continue de ramer vers le centre du lac. Catherine regarde la lune, toujours aussi ronde et brillante. Mais les nuages se rapprochent. Elle regarde Robert de nouveau. Son masque semble soudain inquiétant.

— S'il vous plaît, enlevez votre masque, insiste Catherine.

— Quand nous serons au milieu, répond-il, dans quelques minutes.

Le cœur de Catherine bat plus vite. Elle cherche la rive des yeux. Au même moment, les nuages obscurcissent la lune. Elle ne voit que la silhouette sombre du rameur.

Soudain, le bruit des rames s'arrête. Robert les ramène dans la barque. Tout est silencieux.

Catherine demeure immobile. La peur l'envahit lentement. Dans la faible lumière, elle voit les mains de Robert qui se portent à son masque. La lune perce alors les nuages et un cri monte à la gorge de Catherine.

La lumière de la lune éclaire le visage du vampire… faisant briller ses deux longs crocs blancs.

# Peau-sur-les-os

Cette histoire remonte à une centaine d'années. Au crépuscule d'une journée d'automne, Jacob Cooper arrive en voiture à une vieille auberge. Après avoir attaché ses chevaux, Jacob se tourne vers le couchant. Le ciel est d'un rouge pourpre, masqué en partie par de gros nuages noirs. Un vent cinglant frappe le jeune homme de plein fouet et le transit jusqu'aux os.

Jacob court vers la porte. Juste au-dessus, un écriteau : L'Auberge du Renard roux. L'air chaud et des effluves de bonne cuisine l'enveloppent lorsqu'il ouvre la porte. Trois hommes sont assis à une table. Un autre, rougeaud, frotte le comptoir derrière lequel il se tient.

— Bonsoir, dit Jacob en s'installant à une table. J'aimerais manger du bœuf rôti et tout ce qui va avec.

— Vous me semblez à moitié gelé, lui répond l'homme en se dirigeant vers la cuisine.

— Fait-il froid ? demande un des hommes.

Jacob acquiesce en frottant ses mains l'une contre l'autre.

— C'est bien que vous soyez dans une auberge sûre, dit un autre homme. Pour rien au monde, je ne voudrais voyager dans les environs par une telle nuit.

— Je ne m'arrête que pour manger, explique Jacob alors que le rougeaud lui apporte son repas. Un ami m'attend à Platkill, à une vingtaine de kilomètres d'ici.

Silencieux, les quatre hommes se regardent, mal à l'aise.

— Dis-lui, Jos, lance un des hommes au rougeaud.

Jos s'appuie au comptoir et se râcle la gorge tout en regardant Jacob.

— Écoutez, jeune homme. Vous seriez fou d'aller jusqu'à Platkill cette nuit. C'est une étendue déserte avec juste quelques boisés de chaque côté du chemin.

— J'ai de bons chevaux et ma voiture est en bonne condition, répond Jacob. Et je n'ai pas peur de me promener dans les bois la nuit, poursuit-il en riant. Mon ami m'attend; il s'inquiéterait si je n'arrivais pas ce soir.

Jacob se remet à manger en silence.

— Vas-y, Jos, dis-lui, insiste un des hommes.

— Écoutez-moi bien, jeune homme, reprend Jos. Cette contrée est étrange. C'est sauvage par ici, ce n'est sûrement pas comme la région d'où vous venez.

— La ville peut quelquefois être bien sauvage, dit Jacob avec un sourire.

— Parle-lui de Peau-sur-les-os, Jos, dit un homme.

— Je n'essaie pas de vous mettre en garde contre des arbres ou des rochers, fait Jos. Je vous parle d'une créature qu'on appelle Peau-sur-les-os. Par des nuits comme celle-ci, elle demande aux voyageurs de l'amener avec eux et le lendemain, on les retrouve morts.

Jacob les regarde l'un après l'autre, puis il éclate de rire.

— Vous me prenez pour un fou, s'écrie-t-il. Je ne vais sûrement pas croire une histoire de fantôme.

— Mais Peau-sur-les-os n'est pas un fantôme, reprend Jos d'une voix sérieuse. Elle n'a que la peau et les os; c'est presque un squelette. Quand elle met ses doigts maigres autour de votre cou…

Jacob repousse sa chaise.

— J'ai terminé et maintenant je poursuis mon voyage. Merci pour l'histoire. Je la garderai en tête.

Jos prend l'argent de Jacob et le reconduit jusqu'à la porte.

— Bonne chance ! Et n'embarquez personne qui vous demande de voyager avec vous.

Le vent froid fouette Jacob. Il détache ses chevaux et s'installe dans la voiture dont il relève la capote pour se protéger du froid. Puis, d'un coup de rênes sur le dos des chevaux, il guide la voiture sur le chemin de Platkill.

Les dernières lumières s'évanouissent, mais le clair de lune jette une lumière blafarde sur le chemin sinueux. Jacob chantonne pour se tenir éveillé. L'air froid engourdit sa peau et ses bras sont fatigués de tenir les rênes. Malgré la bravoure dont il a fait preuve devant les hommes de l'auberge, il n'aime pas se savoir seul sur ce chemin désert.

La forêt est un mélange de sapins et de chênes géants aux branches dépouillées par le vent. De temps à autre, un rocher tout blanc affleure près de la voiture.

Jacob ne cesse de penser au bon feu de bois qui l'attend chez son ami. Soudain, ses chevaux hennissent étrangement. Il regarde autour de lui et voit ce qui a troublé les bêtes. Un peu plus loin, sur le bord du chemin, une vieille femme enveloppée d'un châle tend le bras vers lui.

À mesure que sa voiture se rapproche, l'histoire des hommes de l'auberge lui revient à l'esprit. Il passe sans arrêter son attelage, mais il voit le désappointement se peindre sur le visage fatigué de la femme. Jacob se demande s'il ne devrait pas faire demi-tour, mais quelque chose lui dit de continuer son chemin.

Il fouette les chevaux et la voiture bondit en avant. Il se trouve un peu idiot et souhaite oublier toute cette aventure.

Les chevaux trottent toujours. Jacob frissonne sur son siège. Il sent une forte tension dans les guides pendant que les chevaux reculent et s'agitent. Toute sa force lui est nécessaire pour reprendre la maîtrise de l'attelage. Son cœur bat à tout rompre et il a le souffle court.

Il aperçoit alors une mince silhouette sur le bas-côté du chemin. C'est une jeune femme à la longue chevelure blonde. Elle serre une cape verte autour de ses épaules et le regarde avec des yeux implorants.

— Monsieur, je dois me rendre à Platkill, crie-t-elle. Je suis tombée de cheval il y a deux heures et je meurs de froid. Pouvez-vous m'emmener avec vous ?

Jacob observe la jeune femme pendant qu'elle se rapproche. Il a rarement vu un visage aussi beau, rarement entendu une voix aussi pure.

— C'est un plaisir pour moi, fait-il en l'aidant à monter. Je vais moi-même y rejoindre un ami.

— Vous êtes très bon, dit la jeune femme. Une autre heure sans abri et je gelais.

Jacob arrache ses yeux du doux visage si près du sien. Il fouette les chevaux et la voiture s'ébranle.

Chemin faisant, il pose quelques questions à la jeune femme, mais elle semble gênée, réservée. Elle a peut-être peur de lui, un étranger sur une route isolée.

Ils voyagent donc en silence quelque temps, Jacob lui jetant parfois un regard à la dérobée. Elle lui sourit, les yeux brillants sous le clair de lune. Il remarque alors une étrange dureté transformer sa figure même quand leurs yeux se rencontrent. Il pense qu'elle n'est pas vraiment aussi belle qu'elle lui a paru au premier abord.

Jacob surveille l'étroit chemin et sourit. Peut-être a-t-il seulement imaginé une si grande beauté. Il se retourne une fois encore; quel choc !

La figure n'est plus jeune. La peau est toute ridée et les cheveux sont gris et ternes. Jacob prend les rênes d'une seule main et se frotte les yeux de l'autre. Confus et exténué, il aperçoit la femme le regarder de ses yeux exorbités. Les os tendent la peau de son visage.

Jacob frissonne. Une sensation bizarre le rend nerveux. Il serre les dents et fixe le chemin devant lui. Il devrait arriver à Platkill dans une quinzaine de minutes. Il sera heureux de voir son ami et de quitter cette étrange campagne.

La chair de poule lui fait rentrer le cou dans les épaules. Il s'oblige à regarder le chemin, mais il ne peut tenir plus longtemps. Il se retourne.

Un squelette grimaçant est assis sur le siège près de lui. C'est Peau-sur-les-os. Jacob en est sûr. Il agrippe les rênes avec effroi et voit les mains osseuses sortir de sous la cape et se tendre vers son cou.

Jacob se retourne vivement et les doigts se referment sur une poignée de vêtements. Il laisse tomber les guides et protège son cou de ses mains. Les bras s'accrochent à lui; il se défend avec peine de leur emprise. Les chevaux galopent à toute allure.

Jacob sent les doigts se refermer sur sa gorge; il est à bout de souffle. Peau-sur-les-os a la figure collée contre la sienne. De toutes les forces qui lui restent, Jacob arrache les mains de son cou. Toujours grimaçante, Peau-sur-les-os tombe à la renverse, mais ses bras cherchent le cou de Jacob. Ce dernier attrape les poignets du squelette, l'arrache du siège et le balance par-dessus la voiture. D'un cri à faire glacer le sang dans les veines, Peau-sur-les-os s'écrase sur le chemin.

Jacob retombe dans le fond de la voiture, laissant les chevaux courir vers Platkill.

— Jacob Cooper, est-ce toi ? fait une voix.

Jacob ouvre les yeux et voit son ami penché sur lui.

— Jacob, que s'est-il passé ? demande son ami. Les chevaux t'ont conduit ici, mais tu étais inconscient. Es-tu malade ?

— Peau-sur-les-os, marmonne Jacob.

— De quoi parles-tu ? s'étonne son ami.

— Peau-sur-les-os, répète Jacob. Elle a essayé de me tuer.

— Tu as entendu cette folle histoire qu'on raconte pour effrayer les voyageurs, lui dit son ami en l'aidant à descendre de voiture.

Jacob frotte ses yeux et regarde la lune. A-t-il rêvé ? Mais il regarde son ami et voit l'horreur sur sa figure. Il suit son regard sur le côté de la voiture.

Du crochet où elle s'est prise en tombant, pend la main blanche et osseuse... de Peau-sur-les-os.

# Le charmeur de serpents

Luce Morris est dans la véranda de la maison familiale, un peu en dehors du village de Kampur. Les serviteurs vont et viennent, ajoutant de la glace à sa limonade ou lui apportant un livre. Mais cela n'empêche pas Luce de bouder. Elle n'aime pas vivre dans ce pays. Son père doit y faire une recherche pendant trois ans. Un seul mois est passé, mais un mois qui a semblé une éternité à Luce.

La lourde humidité de l'air laisse Luce au bord de la défaillance; les effluves épicées de la nourriture lui coupent l'appétit; les insectes qui volent autour de la maison la font crier d'horreur.

Luce s'est installée dans la véranda pour raconter son désespoir dans une lettre à son amie restée au pays. Tout en écrivant, elle prend lentement conscience d'un bruit nouveau : le son plaintif d'une flûte. Elle ne sait pas depuis combien de temps dure cette musique, mais, maintenant, elle n'entend plus qu'elle.

Elle met de côté papier et crayon et va jusqu'au bout de la véranda, près du chemin qui mène au village. Ce qu'elle voit lui coupe le souffle.

Assis sur le sol, un vieil homme vêtu de hardes bouge le torse au rythme de la mélodie. La musique hypnotique est une répétition interminable des mêmes notes. Au moment où Luce veut demander à l'homme d'aller jouer ailleurs, elle remarque le panier en face de lui. Par son ouverture, une affreuse tête plate de serpent se balance d'avant en arrière.

Luce pousse un cri en apercevant le serpent dont elle a une peur mortelle. L'homme lui jette un regard, puis continue de jouer pour son cobra.

Luce court dans la maison. Elle demande aux serviteurs de chasser le vieil homme, mais aucun ne veut s'y risquer, car ils disent que ça pourrait leur porter malheur. Luce aimerait bien que ses parents soient près d'elle, mais ils sont absents pour trois jours. Elle retourne donc à l'extrémité de la véranda et crie à l'homme de partir.

D'abord il semble ne pas l'entendre, puis il cesse de bouger et de souffler dans la flûte; il la fixe de ses yeux sombres et profonds. Le cobra arrête aussi ses ondulations et se tourne vers Luce. Ses yeux diaboliques semblent tenter de la reconnaître. Luce recule avec horreur et retourne dans la maison. La musique reprend aussitôt.

Elle dure toute la soirée. Quand elle va se coucher, Luce entend encore la flûte du charmeur de serpent. Elle revoit en esprit les mouvements du reptile. Après s'être tournée et retournée dans la chaleur étouffante pendant des heures, elle finit par s'endormir.

Le lendemain, lorsqu'elle se lève, Luce sent un changement dans l'air. La musique a cessé. Elle court à sa fenêtre. Le charmeur la guette, toujours assis au même endroit. En la voyant, il reprend son instrument et commence à jouer. La musique fait son chemin jusqu'à Luce.

Elle fait une crise pendant le déjeuner et supplie les serviteurs de la débarrasser du charmeur de serpent. Ils tentent bien de lui faire comprendre que ces hommes ont d'étranges pouvoirs, mais elle ne veut rien entendre. Elle se réfugie à l'arrière de la maison, là où la musique lui arrive plus faiblement.

Elle reste à l'intérieur toute la matinée et tout l'après-midi. Elle ne peut toujours pas échapper à la mélopée du charmeur de serpent. Avant le souper, elle va dans la véranda et appelle le vieil homme.

— Je vais vous donner de l'argent si vous partez, lui dit-elle. Que voulez-vous ?

L'homme continue de jouer pendant de longues minutes, puis il s'arrête et la regarde.

— Quelque chose qui t'appartient, fait-il en montrant ses chicots jaunis. Une mèche de tes cheveux blonds.

Le serpent la regarde au même moment et Luce se réfugie dans la maison, refermant la porte derrière elle. La musique recommence, s'insinuant comme une folie dans son esprit.

Luce passe une autre nuit sans repos, couvrant sa tête d'un oreiller dans l'espoir d'étouffer les notes de la flûte. Elle se lève si tard le lendemain que le charmeur a déjà commencé sa ritournelle. Luce ne peut l'endurer plus longtemps.

Tout en brossant ses longs cheveux, elle se rappelle le souhait du vieil homme. Elle n'a pas tellement envie d'en couper une mèche, mais si c'est pour se débarrasser de lui et de sa musique, ça vaut peut-être la peine.

Luce cherche une paire de ciseaux. Elle en trouve finalement dans une boîte contenant des papiers et des crayons. Quelque chose d'autre attire son regard dans la pile de vieux jouets du placard. C'est une poupée qu'elle avait reçue à l'âge de six ans : une poupée avec de longs cheveux blonds. Sa mère lui avait même assuré que les cheveux étaient vrais.

Luce prend la poupée et compare la couleur des deux chevelures. Parfait ! Elle coupe alors à la poupée une longue mèche de cheveux et sort de sa chambre.

Arrivée dans la véranda, Luce appelle le charmeur de serpent qui continue de jouer jusqu'à ce qu'elle lui montre la mèche de cheveux. Il dépose alors sa flûte et prend les cheveux des mains de Luce avec un air bizarre. Le cobra la dévisage, puis lui montre ses crocs.

— Partez maintenant ! crie-t-elle en retournant dans la maison.

Tout le reste de la journée, la maison est parfaitement tranquille. Une amie de sa mère vient avertir Luce que ses parents arriveront dans la soirée. Jamais Luce ne s'est sentie aussi heureuse depuis son arrivée en Inde; elle est débarrassée du charmeur de serpent et de sa musique, et bientôt ses parents seront avec elle.

Ils arrivent beaucoup plus tard qu'il était prévu, bien après le souper de Luce. Elle les embrasse et, après avoir déballé les cadeaux qu'ils lui ont rapportés, elle leur raconte sa mésaventure.

— Mais comment t'en es-tu débarrassée ? lui demande sa mère.

— Il voulait une mèche de mes cheveux, répond Luce, alors je lui ai donné des cheveux.

— Non, Luce, souffle son père. Tu n'as pas fait ça ! Pas à un homme comme lui !

— Oui, fait Luce, je lui ai donné une mèche des...

Elle ne réussit pas à finir. Son père saute sur ses pieds et court à sa chambre. Luce le suit en tentant de continuer son histoire, mais monsieur Morris ne s'arrête qu'après avoir ouvert la porte de la chambre de Luce. Elle arrive derrière lui alors qu'il allume les lumières. Ensemble, ils regardent avec horreur ce qui se trouve sur le lit de Luce.

Il y a d'abord la poupée de Luce et, bien enroulé autour d'elle dans une caresse mortelle... le serpent aux yeux diaboliques.

# En chasse !

Les douze garçons font griller des guimauves au-dessus du feu de camp. Ils viennent de finir de souper et les flammes éclairent quatre figures très jeunes et huit plus âgées. Les jeunes garçons sont tendus, car ce soir ils doivent passer le test.

Thomas, qui a onze ans, est le benjamin du groupe. Jean, Patrick et Benoît ont tous les trois douze ans, mais c'est aussi leur initiation. S'ils réussissent, ils feront partie du club.

— Qu'est-ce que tu penses qu'ils vont nous faire ? chuchote Thomas à Benoît.

— Je ne sais pas, répond Benoît. Demande à Patrick. Son frère est un des plus vieux.

Thomas se tourne vers Patrick.

— Que vont-ils nous faire ? demande-t-il à voix basse.

— J'ai entendu mon frère parler d'une chasse à la bécassine, dit Patrick.

— Une chasse à la bécassine ? Qu'est-ce que c'est ? fait Thomas.

Mais avant que Patrick ne puisse répondre, Marc prend la parole.

— Je veux vous mettre en garde, les gars, commence-t-il. Nous sommes loin du monde civilisé ici, au milieu de nulle part. Nous devons être prudents. Personne ne sait quels animaux habitent les parages : loups, ours, chats sauvages. Nous avons soupé, mais eux ont peut-être encore faim.

Thomas et Benoît se regardent nerveusement.

— Il y a une autre chose que je dois vous dire, continue Marc. J'ai entendu à la radio qu'un meurtrier s'est échappé de la prison de Colombo aujourd'hui. La police ne l'a pas encore rattrapé, mais on dit qu'il est parti vers le nord-ouest, avançant de trente kilomètres par jour... Eh bien, vous êtes capable de faire vous-mêmes le calcul.

— Nous sommes à une trentaine de kilomètres de Colombo, calcule Benoît.

— Oui, c'est vrai, dit Marc. Mais je ne croyais pas que nous devions annuler notre excursion de camping à cause d'un meurtrier en fuite.

Les mains de Thomas tremblent tellement

fort que la guimauve monte et descend au-dessus du feu. Elle est toute croustillante.

— Alors soyez prudents et rapportez tout ce que vous verrez ou entendrez d'étrange, rappelle Marc.

Au même moment, un craquement fait sursauter et se retourner les quatre jeunes.

— Qu'est-ce que c'est ? gémit Thomas.

Tous les autres éclatent de rire.

— Qu'est-ce qui se passe, Thomas ? Tu as peur ? demande Robert.

— Il est un peu tôt pour avoir peur, lance Marc. Vous n'avez pas encore fait votre chasse à la bécassine. Allez chercher vos lampes de poche et revenez ici dans cinq minutes.

Les garçons se lèvent et partent vers les tentes. La lune éclaire bien un peu, mais l'ombre des gros arbres rend la marche dans les bois difficile. Ils trouvent leurs lampes et reviennent près du feu.

— Est-ce qu'il disait la vérité à propos du meurtrier ? demande Thomas à Patrick.

— Je ne le sais pas, répond ce dernier, et je ne veux pas le savoir.

— J'aimerais que ce soit fini ! soupire Jean.

Marc les attend, debout près de quatre sacs en jute.

— Voici les sacs pour attraper la bécassine, dit-il en leur tendant chacun un sac.

— C'est fait comment une bécassine? demande Jean.

— Tu le sauras si tu en vois une, répond Marc. Maintenant écoutez bien les règlements.

Les garçons, tenant fermement leur sac d'une main et leur lampe de l'autre, écoutent Marc.

— Chacun de vous doit partir dans une direction différente, commence-t-il. Comptez deux cent cinquante pas, puis arrêtez-vous. Ça va vous mener assez loin du feu. Les bécassines sont trop intelligentes pour venir plus près.

— Et nos lampes de poche? demande Thomas. Ne vont-elles pas effrayer les bécassines?

Quelques-uns des plus vieux pouffent de rire, mais Marc les arrête.

— Utilisez vos lampes pour marcher jusqu'à la limite des deux cent cinquante pas, puis éteignez-les et attendez.

— Combien de temps devrons-nous attendre ? demande Benoît.

— Attends d'entendre les coups de sifflet, explique Marc.

Il siffle trois petits coups et puis trois longs.

— D'autres questions ?

Les quatre garçons se regardent, mal à l'aise.

— Qu'est-ce qu'on fait si on voit les autres animaux dont tu as parlé ? s'inquiète Patrick.

— Ou le meurtrier ? continue Thomas.

Marc lève les épaules et regarde sa montre.

— C'est le temps de partir, dit-il. Et n'oubliez pas de compter deux cent cinquante pas puis d'éteindre vos lampes.

Thomas jette un regard à ses trois amis. Ils ont l'air aussi effrayés que lui. Marc demande à Benoît de marcher vers le nord; il envoie ensuite Jean vers l'est, et Patrick vers l'ouest.

— Thomas, va vers le sud.

Thomas avale sa salive, allume sa lampe et commence à avancer vers le sud en comptant ses pas. Il avance d'abord à longues foulées, puis il en raccourcit la longueur; il ne veut pas se rendre trop loin.

Après cent pas, Thomas se retourne et voit la petite lueur du feu de camp dans le bois. Il éclaire son chemin et continue de progresser et de compter. Les feuilles mortes craquent sous ses pas. À plusieurs reprises, une racine s'accroche à ses pieds, l'envoyant presque face contre terre. Des petits animaux s'enfuient lorsque la lumière de sa lampe les frappe. Jusqu'à un hibou qui lui passe à quelques centimètres des cheveux.

Thomas est rendu à deux cents pas. Il se retourne de nouveau. La forêt lui cache le camp. Il n'entend même plus les voix et les rires des plus âgés. Il a hâte d'entendre les coups de sifflet de Marc.

Plus que cinquante pas. Thomas s'oblige à avancer et quand le compte y est, il éclaire bien l'endroit où il se trouve. C'est une petite clairière recouverte d'un tapis de feuilles mortes.

Il éclaire un énorme tronc d'arbre à quelques mètres. De gros noyers à l'écorce rude l'entourent. Thomas pointe le faisceau de sa lampe vers le haut : les branches ressemblent à de longs bras de squelette. Alors, il éteint sa lampe et s'accroupit sur le sol. Il tient son sac à deux mains; la chasse à la bécassine est commencée.

Le vent fait un étrange bruit dans les branches au-dessus de Thomas. Il attend et attend encore. Il voit soudain une grande ombre bouger près du tronc d'arbre. Est-ce un ours ou un humain ? Mais l'ombre disparaît. Les mains de Thomas sont engourdies par le froid et la fatigue. Il a peur de devenir fou s'il doit rester encore une minute tout seul.

Puis un étrange bruit vient du tronc d'arbre. C'est un bruit comme il n'en a jamais entendu, un cri aigu d'animal. Il ouvre plus grand les yeux, tentant de voir dans la pénombre. Le corps gris d'un animal vient vers lui. Il continue de crier tout en rampant sur les feuilles mortes.

Thomas n'a jamais vu un tel animal. Ce doit être une bécassine. Il se penche et ouvre le sac devant l'animal qui, sans rien remarquer, marche droit dedans. Thomas retient son souffle, puis ferme soigneusement l'ouverture.

Une minute plus tard, les coups de sifflet rompent le silence de la nuit. Thomas attrape sa lampe et commence à courir dans la direction du bruit, tenant le sac loin de son corps.

Thomas débouche sur le site du camp à bout de souffle. Tout le monde l'attend. Patrick, Benoît et Jean sont déjà là.

— On pensait que le meurtrier t'avait attrapé, Thomas, fait Marc.

Les garçons rient un bon coup. Thomas attend que Marc lui parle de la bécassine, mais il ne regarde même pas le sac.

— Vous avez été parfaits, les gars, dit-il en les regardant tous les quatre. Aucun n'a fait le peureux. Vous avez passé le test et vous faites maintenant partie du club.

— Et la chasse à la bécassine? demande Thomas.

— C'était une farce, s'esclaffe Robert.

— Thomas, qu'est-ce que tu as dans ton sac? demande Marc.

— Une bécassine, répond Thomas.

Au même moment l'animal pousse son cri strident.

— Il a attrapé quelque chose! s'exclame Benoît. Fais voir.

Tous les garçons entourent Thomas.

— Mets le sac dans cette boîte, ordonne Marc en tirant une boîte vide.

Thomas met prudemment le sac dans la boîte et lâche l'ouverture. Tous les autres ont les yeux rivés sur la boîte. Lentement, le petit animal rampe en dehors du sac. Il regarde autour de lui et crie de nouveau.

Tous les garçons reculent.

— Qu'est-ce que c'est ? demande Robert.

— C'est l'animal le plus étrange que j'aie jamais vu, fait Marc.

Tous dévisagent l'animal. Il a un petit corps trapu recouvert de fourrure grise. Ses pattes sont pourvues de griffes blanches et sa longue queue se termine en pointe dentelée. Sa tête est vraiment très bizarre; les oreilles sont longues et pointues et la bouche a quatre longues dents.

— Je pense que c'est un bébé qui vient tout juste de naître, dit Marc. Ses yeux sont encore fermés.

— Regarde, il essaie de les ouvrir, fait Thomas.

L'animal réussit à écarter les paupières et ses deux yeux jaunes brillent dans la nuit.

— Est-ce une bécassine ? demande Thomas.

— Je ne sais pas, répond Marc. Personne n'a jamais vu de bécassine. Nous avons parlé de cette chasse pour vous effrayer.

— Alors, qu'est-ce que c'est? demande Benoît.

L'animal crie de plus en plus fort, montrant ses dents aux garçons. L'un après l'autre, ils s'éloignent de la boîte.

— Qu'est-ce qui se passe? demande soudain Robert en se tournant vers le bois. J'ai entendu quelque chose.

— Moi aussi, fait Patrick.

Les garçons restent silencieux et écoutent l'animal de la boîte répéter inlassablement son cri. Puis, de différentes parties de la forêt, le même cri se répète.

— Qu'allons-nous faire? demande Thomas.

— Je ne sais pas, fait Marc, soudain effrayé.

Les cris de la forêt se rapprochent. Les feuilles se mettent à bruisser. Les garçons se tiennent côte à côte près du feu.

Soudain, Thomas pousse un cri en pointant l'orée du bois; deux yeux orange brillent entre les arbres. Ils ressemblent, en plus gros, à ceux du petit animal de la boîte. Puis Benoît hurle à son tour et pointe un autre endroit de l'autre côté du camp. Les garçons se retournent et voient d'autres yeux encore et encore.

L'animal de la boîte pousse un grognement étrange puis, comme un écho, les bois retentissent du même grognement.

Marc regarde Thomas qui est blanc de frayeur.

— C'est toute une bécassine que tu nous as attrapée là, dit-il.

Ils se tournent tous vers les yeux orange qui brillent de plus en plus et qui s'approchent des douze garçons entassés près du feu de camp...

# Table des matières

# Titres de la collection

- Contes de minuit
- Histoires mystérieuses

ACHEVÉ   D'IMPRIMER
EN    JUILLET    1990
SUR  LES  PRESSES  DE
PAYETTE & SIMMS INC.
À SAINT-LAMBERT, P.Q.